大道無境

進入玄學大道、擴闊八字境界之智慧！

U0063544

道機

圓方立極

「天圓地方」是傳統中國的宇宙觀，象徵天地萬物，及其背後任運自然、生生不息、無窮無盡之大道。早在魏晉南北朝時代，何晏、王弼等名士更開創了清談玄學之先河，主旨在於透過思辨及辯論以探求天地萬物之道，當時是以《老子》、《莊子》、《易經》這三部著作為主，號稱「三玄」。東晉以後因為佛學的流行，佛法便也融匯在玄學中。故知，古代玄學實在是探索人生智慧及天地萬物之道的大學問。

可惜，近代之所謂玄學，卻被誤認為只局限於「山醫卜命相」五術及民間對鬼神的迷信，故坊間便泛濫各式各樣導人迷信之玄學書籍，而原來玄學作為探索人生智慧及天地萬物之道的本質便完全被遺忘了。

有見及此，我們成立了「圓方出版社」（簡稱「圓方」）。《孟子》曰：「不以規矩、不成方圓」。所以，「圓方」的宗旨，是以「破除迷信、重人生智慧」為規，藉以撥亂反正，回復玄學作為智慧之學的光芒；以「重理性、重科學精神」為矩，希望能帶領玄學進入一個新紀元。「破除迷信、重人生智慧」即「圓而神」，「重理性、重科學精神」即「方以智」，既圓且方，故名「圓方」。

出版方面，「圓方」擬定四個系列如下：

1.「智慧經典系列」：讓經典因智慧而傳世；讓智慧因經典而普傳。

2.「生活智慧系列」：藉生活智慧，破除迷信；藉破除迷信，活出生活智慧。

3.「五術研究系列」：用理性及科學精神研究玄學；以研究玄學體驗理性、科學精神。

4.「流年運程系列」：「不離日夜尋常用，方為無上妙法門。」不帶迷信的流年運程書，能導人向善、積極樂觀、得失隨順，即是以智慧趨吉避凶之大道理。

在未來，「圓方」將會成立「正玄會」，藉以集結一群熱愛「破除迷信、重人生智慧」及「重理性、重科學精神」這種新玄學的有識之士，並效法古人「清談玄學」之風，藉以把玄學帶進理性及科學化的研究態度，更可廣納新的玄學研究家，集思廣益，使玄學有另一突破。

關於道機

道機沒有顯赫的背景，玄學知識既非傳承自江湖名家，在香港的正規教育考評制度下，也談不上有甚麼高尚學歷，能與玄學扯上關係，稍為有點淵源的，是身上流着的血吧！

據父親稱，祖父是鄉中名聞區內外的茅山及武打師傅，一生遊歷甚豐，可惜在我父初長羽翼時已趕着仙遊，祖父不單未有將所學傳給我父，祖母更在祖父彌留時燒毀所有關於五術的筆記及典藉，以了斷祖父在世的餘念，讓他好走。不單如此，甚至連祖父的照片也沒有遺下一張，父親自然對五術不甚了了，更遑論到我這一代能得到甚麼稀世真傳。祖父留給我的，似乎只有隔代的細胞記憶。

天賦促成了尚算不平凡的經歷與體驗。

道機的身高大概只有一米七，體重從來沒有超過六十公斤，身上也沒有大塊肌肉，但於在學期間在運動場上奪得過的獎牌數量卻超過一百枚，家中存起的獎盃也有二十座，當中包括個人與團體合作的運動獎項：足球、手球、乒乓球，以及講求短途爆炸力的田徑項目如短跑及跳遠等。

在因緣際會入讀大專設計系前，我不單討厭美術，有關技巧更在水平以下，設計系導師在看過我入學後的首份作品給出的評價是──全班第二差的排名，並勸喻我退學。到畢業的時候，在商業品牌設計的一項中，我卻拿取了全級第一名。

我的命盤給別人算過不下十次，卻從沒有人算準過。

道機的五官無一突出，我曾不止一次故意將眼神收斂及作粗衣打扮，閱我盤者即使與我相視而坐，都會批斷我自小受人欺負、一事無成。至於只閱讀我命盤而沒有眼神接觸者，也有批斷過我早年傷殘、年少時入獄坐牢。（八字學術語：道機全局食、財、官，僅得一字比劫，此字無傷、無破、無沖、無合，不在是否成為從格的臨界點，算者失算只因對五行十神的了解不足。）

道機出身自基層家庭，年少時渴望早點投入社會工作，所以在學期間已開始兼職賺取生活所需。在從事全職命理工作前，我的職業履歷上所涉的行業範圍應該不算狹窄了，至少至今還未遇過從事工作種類比我多的人。工種包括傳單派發、住宅清潔、餐廳侍應、貿易採購、地產、電訊、零售等，這些工作沒有一份的在職時間是少於半年的，當中有家族經營的公司，也有跨國企業及國際奢侈品牌。

我在小公司內做過小職員，亦在大機構內做過管理層，多年前也嘗試過跟朋友合夥開店經營生意。由於工作種類多而廣，崗位遍及上中下，不同的環境讓我結識到最市井及最富貴的一撮人，這些經歷除了讓我接觸到不同階層的命盤，最寶貴是能夠真實地與各範疇的命主本人生活過，這種難得的經驗影響了我對命理學的思考基礎，為我在研習過程中帶來超越理論的體悟。

一個人的經歷與體驗會影響其心理活動，同時會影響其遇事時的決定與行為，無法理解人性，也就無法真正理解命理。

道機的天賦是切入事物的本體去找出各種條件情況的重點與非重點，掌握人與事物的互動關係。天賦加上個人歷煉讓我能夠靈敏地以不同角度去感受及理解各式事物的表裏涵意，發掘別人所未知，啓發別人所不能。

作為玄學人的心願，道機希望能讓有緣者重新了解甚麼是人生路途上的真正障礙，看清楚四周的敵友利害，舒適地與環境共存，從而有效地建立與規劃未來人生。

道機網頁：www.outoftruth.com

自序

《大道無境》主要是針對八字進階書的缺漏而編寫，內容撇下初階的單向擴展結構，跳離一般習八字者的思想規範，用立體思維方式加上深層技法去詮釋八字學的重點理論與真實案例。

本書分為理論與命例詳析兩大部分。在第一部分，以「生命與生存環境之間的互動」為建基點，闡釋了八字學中備受爭議的理論，讓讀者從現實生活的角度去重新思考及理解形而上的八字學以至整套玄學；同時點出並詳述某些被輕視及忽略、但實為至關重要的學術基礎與技巧。

第二部分是命例分析，亦是本書最珍貴的章節，筆者透過不同範疇的實例，展示如身強弱的變化與影響、從格的分析要點、合化的關鍵概念等多種實戰技巧；而最特別之處是，筆者在多個命例中詳盡演繹坊間少有觸及的流年推算技法，將八字原局、大運、流年三方的交疊情況多角度地具體呈現。

讀者在閱覽其他玄學術數書籍時，若能同時參看本書內容，相信內藏的分析技巧必能引發你作出多點聯想與合理結合，為你拓展更廣闊的思考空間。

玄學不像其他學術般透明，沒有標準，亦沒有公開認證，不同命理師對同一命盤有不同的解讀是常見的事，所以玄學界從來都是是非之地，沒有命理師會示弱於他人，通山遍地都號稱自己是名門正宗，八字如是，紫微斗數亦如是，風水更是。

初習玄學者根本無法分辨玄學家的能力高低，大多只相信眼之所見、耳之所聞，認為誰在公眾媒體的曝光率高，誰的學問就可靠。一旦產生了探求玄學知識的慾望，便搜索誰的徒子、徒孫滿門，或認為誰的玄學書出得多，誰就有真本領。因此，學者從習了一段日子後，便難免出現向左走或向右走的極端，部分人會將自己幻化成宗師的分身，承襲了宗師一樣的口吻、宗師一樣的氣派；另一部分還有毅力探求真理者，則會猶疑自己是處於樽口還是樽底，卻發現瓶頸太窄，且嚴重淤塞，即使有恆心耐力再尋師覓書，但不是少有寸進，就是出現了選擇性困難，因為終於清楚了解自己的「知」與「不知」。

市場都在不斷重複你的「知」，而你「不知」的，沒有多少人願意告訴你，如你不能同時擁有良好的師輩運氣及傾散千金的覺悟來點獲明師指引，那你就惟有依賴自己去發掘與調整潛藏的「不知」。

流年運氣預測一直是祿命術中最高深的學問，亦是最後階段的試金石，因為要準確推算必須要對全套學問通透理解，若缺乏正確的學理知識及靈活的邏輯推理，便無法破譯流年密碼，自然也就無法預測運氣吉凶，當然更談不上處理俗世的「趨吉避凶」，所以如何詮釋流年的推斷便徹底展示了命理師的水平高低。

十天干、十二地支的本義、各干支的互動與特定的「剋、沖、刑、合、化」理應為八字學的基礎，但至今仍未能制定一套得到共識而又行之有效的標準，因為各門各派對「正確」的定義都有巨大的分歧，所以很多命理師在解說流年吉凶時都只會避重就輕、輕描淡寫地帶過，着力將論命的重點放在原局八個字上，因為要有系統、有條理地闡釋總計有六柱十二字的流年運程無疑是相當困難，而且這做法亦等於將自己的學問根底暴露在眾目之下，自古文人相輕，惹來非議在所難免。

撇去門派之別，玄學家可以粗略地劃分為兩類：理性和感性。兩者各有所長、各擅勝場，同時亦各有缺憾。

斷命精微的命理師很多，有些也不吝遺下文字紀錄，可惜大多語焉不詳。據他們所說，他們能斷出命主的兄弟姐妹數目、婚姻次數、配偶生肖。但當讀者或徒眾們在相類條件下依法應用時，結果總是失望的多，所以很多人會認為這些著作是出自命理師的穿鑿附會。不過，看家若拘泥於探討當中的作假成分，卻只會於學無益，因為以精微奇準見稱的命理師在詮釋命盤時，大多混入了極重的個人「觸機」。

「觸機」是個人靈感的表現，所以在應驗上會相當局限，亦無法廣泛通用，更會讓人感到變化隨意。由於靈感是難以穩定及保持，所以常見這類型命理師過了靈感上的高峰期後便無以為繼，同時亦因其技法難有系統，無法將學識有效地傳授予後學，以致大師了了，徒眾無所適從。

至於以理自居、有主張科學辨證的宗派，更有唯物主義的無神論者，他們大部分都是命理程式的維護專家，致力將玄學內的一切條理化，摒棄所有來自靈感及沒法組織或歸納入理性系統內的東西。這種揭開玄學面紗的做法吸引了在西方教育下成長的一些人，甚至成功説服了很多高級知識分子耗費大量精力在當中研磨，奈何始終無法全面彌補各種學説的不足，而在面對江湖技法時，亦有欠妥善圓滿的解釋。

筆者不依賴亦不否定或拒絕個人本能上的「觸機」，但運用在傳播層面上，感性的技法必須要作出某程度的退讓與妥協，所以便極其執著綜合技法的破譯與實踐，這亦是本書的核心構成。因為只有綜合分析八字學，才可以真正將一些進退成敗如得財或病災的流年完整地詮釋，才可以在任何環境下歷經年而不衰。

陰陽、平衡之學理説者雖眾，但能明其真義而又可觸類旁通、願意書以成文者卻少之又少，筆者希望藉着本書重新加深刻劃被沖洗得模糊不清的八字學輪廓。

本書將會全面揭露如何立體推算流年情況，盡量以文字去表達一些虛無概念背後的真正含意，多角度去沖擊玄學知識的固有框架，從而啓發讀書對八字學的深入思考，重新整合與釐定各個八字的本質及當中透示的信息。

祝 閱讀愉快！

是為序

道機

目錄

自序 7
前言 14

第一部分　八字理論

用神與忌神 26
身旺與身弱 32
「運為君，歲為臣」？「歲為君，運為臣」？ 38
「有病方為貴，無傷不是奇」？ 41
《窮通寶鑑》與「調候」 46
真假宿命 50
相同命盤 56
擇日產子 61
職業推算 70
天干五合之仁、義、禮、智、信 76

四墓庫與華蓋 83

第二部分　命例詳析

他是希特拉 94
性格改變命運？命運改變性格？ 115
合化論 131
英倫玫瑰之從格的迷思 144
財 158
難得紅顏，總是薄命…… 176
何處覓郎君？（一） 188
何處覓郎君？（二） 199
年輕的出家人 205
時空八字與直腸癌 216
歸結之地與身弱行印運健康反而更差 229
後記 240

前言

時間，我們一直以來對時間的了解都是線性的。一般人都會相信，時間只會單一性地向前進，不會停止，並且沒有盡頭。

八字，就是用一堆賦予了意義的文字去代表時間，在既有的時間基礎上展開無窮盡的詮釋。但八字的組合卻有限，而且明顯有規律地及有條件限制的每隔若干時間重複着。

我們命理師批算的明明是時間，但何以用來批算人命？甚至用以批算小貓、小狗的命？更或批算一切沒有生命、沒有形相的事物。

有時間性地重複就會產生規律，憑藉這些規律，人類能夠預知過去未來。還是，過去未來想藉着這些規律要告訴我們甚麼嗎？

特定的條件造成特定的重複。歷史告訴我們，朝代更替，總像是由連綿不斷的天災或人禍引起的。

到底是甚麼造出特定的條件？

「時間」又重複了嗎？

人類歷史確實在重複，只是以不同的方式重複而已。當你意會到時間不是單純地線性向前。我想，你入門了。

相傳玄學為帝王之術，常說習玄學可以學以致用，小則可以修身自治，大則可以濟世利民。我國地大物博，歷史源遠流長，曾習玄學者多得難計其數，玄學界精英亦代有才人出，但何以往昔要幾嘗外族入侵之恥？又何以時至今日仍有無休止的紛亂？

打開地圖，無論在西之方，或更東之地，早將中國四大發明、陰陽二進位加以取長。

若將利害陳出，生活質素因玄學而改善了嗎？人民素養因玄學而提升了嗎？假若不然，我們學習玄學又是為了甚麼？

當你知道眾多習玄學者的一生無論在生活質素及水平上，以至在玄學知識水平上都是徘徊不前，而你仍願意花相當的時間去尋書訪師。我想，你入迷了。

*　*　*

據說，世上沒有外貌完全相同、指模完全相同的人，甚至沒有兩片完全相同的樹葉；但相同的命盤，卻數之不盡。

玄學，就是人命規律與環境結構的探討。祿命之術如四柱八字、紫微斗數則長於人命規律的研究。

大部分人包括玄學界從業者認為，玄學源自統計與歸納，而且大肆宣揚玄學是極其科學辯證的。

筆者從接觸命理開始已對此說法存疑，玄學自古用在皇室，誰人在統計？誰人能統計？誰人願意或膽敢將自己的統計公諸於世？

縱使隨後流落民間，一個人一生可以搜集多少命例？一個人一生可以搜集多少出生時間相同的命例？

如何結集及綜合各人搜集的命例？用甚麼標準去開始分析命例？如何統計出八字中剋、沖、刑、合、化的法則？如何統計出子水要合丑土，卻要與午火相沖？

如何歸納出斗數中的安星法則？如何歸納出十干四化的條件？

五術界是相當個人化的行業，即使今天我們擁有發達的互聯網，無數命例手到拿來，但道機絕不相信玄學界可以建立出整個統計歸納的系統。

今人常自詡知識與智慧都遠超古人，我們又較古人容易得到各種命例，而且客觀來說，現在所得的命例更多樣性，亦更有說服性，全球各「色」人種命例要拈來都只不過需要在熒光幕面前簡單地揮舞指掌，但何以不見一本比《滴天髓》、《窮通寶鑑》更出色的指導性書籍？飛星派紫微斗數是否更應來一本飛星紫微斗數全書或全集？

一項統計用上成百上千年也沒有一致，更何況玄學術數的種類繁多。

耐人尋味的是，各家各派都說玄學正在不停地發展（嚴格來說是依其門其派在發展），而宗師們為配合發展，久不久又有破天荒革命性的理論出場。

這邊剛說完按舊章統計歸納，但在那邊又說不斷變化更新，如果真有這麼一個統計歸納的系統，想必這個系統一定懂得自我更新增值。

不單玄學，甚至中醫、中藥的運用，筆者亦無法相信完全是由統計歸納出來的。

雖云神農嘗百草，但若然沒有其他任何輔助，即使神農氏拚上一百零八條命也不夠用吧！

你相信針灸的發明與發展，是不停在人體身上刺針來找出經絡與穴位嗎？

「統計」的說法之所以行走，無非是後人解釋不了玄學的源頭，才強行賦予看似合理的解釋，目的是要使玄學科學化，讓自以為理性的大眾有誘因去相信玄學並非不可思議。

由於近代科學發展迅速，在受到西方文化的影響下，大部分人都認同，理性地邏輯分析判斷是理解世界最適當的方法，要合理地將過往的「妖言惑眾」登堂入室，披上科學的外衣，是現代社會表現理性身份的極致裝扮。

褪去闊衣大袖，換上企領白袍，面貌無可否認是變得合時討好了，奈何頭上的髮髻卻鑲死拔不掉，格格不入的尷尬。這苦，心水清的都知。

但問題是，世人卻時常誤將「科學」與「正確」劃上等號。

筆者多麼希望玄學是另一範疇的科學，好讓各方迷信之士得以超脫。倘若你知道科學有「測不準原理」及無數難以量計的「暗物質」未被發現的時候，便應該清楚明白甚麼叫迷信科學。

「誰」建構了天堂，結果，卻讓許多人下了地獄。

* * *

科學是在進步，科學是可以進步，但玄學不是在進步，只是人們賦予時代條件去讓玄學適應社會的進步。

進步的，只是層出不窮的推廣手法。

玄學本自有它執行與運算的法則，數千年來即使經歷轉變也沒有動搖運算基礎，只是隨着時代的推進發展了不同的演繹方式。今天的門派與技法多得令人眼花繚亂，無非是有人捨本取末，漠視最根本的深義，同時亦因為時代的變遷令原義被歪曲。

漠視人性與自然事物的互動變化，強行革新原理論去令玄學術數大眾化，最後只會造成更多的負面效果。

玄學亦沒有比科學走得更前，它們是兩類不同的學科，以兩種不同的角度去解釋世間的人、事、物。當科學還未足以解讀宇宙的一切，它們既可以同時存在，且間或有互補不足之功。

筆者一直認為，算命應以斷準流年為終極目標，如每事皆能斷準流月流日，甚至流時流刻，實已是半仙了。可惜耳聞的神仙凡多，遺憾始終無緣遇上，碰到的大多是江湖伎倆。

不少命理學者嘗試簡化術數的操作技法，目的是要讓群眾易於理解玄學的原理，此舉無疑對推廣玄學有正面作用，但可惜又可恨的是，正面的作用只限於推廣，負面的效果不單迷糊了一班習命者，亦令坊間民眾更為質疑玄學命理的準繩度。這樣究竟是協助後學走出歧路，還是令到玄學在十字路口上不停打轉，用心下過苦功者都會有深切的感受。

人生是複雜的，為甚麼竟然會去奢望簡易的算命方法？

人生無常，大道無情，或許我們都有荒謬的夢想。

在筆者看來，九成以上的人性都是灰色的，世上沒幾個人是全黑或是全白，一般人在大部分時候都是黑白不明，亦不願意將黑白分得清清楚楚。

假若你無法了解人性的灰暗，你就無法理解玄學的玄妙。

了解好人性，才可以學好命理。

更貼切地說，了解好人性，才不致被命理擺弄。

有一位女性客戶曾對筆者表示，她拜訪過不少傳媒報道過的大師，可惜無限的期望換來了無盡的失望。或許是命運不想讓她知得清楚，又或許是她當年注定逃不開以這種形式去破大財的命運。

另外一位男性客戶告訴我一次奇幻的經歷，說有大師在批算過程中點燃一張白紙，而剛巧被火燒過的位置竟奇異地呈現批文，道是上天指引，問筆者是否也懂得同一種技藝。

學習玄學術數最基本所持的態度就是懷疑，這份懷疑，是從人性出發的。懷疑命理書作者的理論，懷疑教導者的理論。懷疑別人的理解，也懷疑自己的理解。

知命是重要的，但以為自己知命的後果可以非常嚴重。

斷流年跟斷大運完全是兩碼子的事，可以說是兩個階段或是兩個層次。絕大多數人都無法突破斷大運的階段，究其原因，斷流年並不單純是多了兩字一柱這麼簡單。（請參閱本書第38頁「運為君，歲為臣」？「歲為君，運為臣」？）

筆者在學習的路途上拐過很大的彎，亦曾經以為八字只有簡單的二分法（身旺用傷財官；身弱用劫印），最多也應該離不開從格和專旺格，奈何愈是以為看得清楚，卻發覺距離真相愈遠。及後經過多年的實踐，體驗到以上法則並不能囊括世間的錯綜複雜。

坊間八字書籍鮮有詳細提及流年操作技法，大多是以寥寥數句了事；反之，斗數書籍卻少有這類問題。怪現象是，名氣愈大的八字命理師，所出版的術數書籍述及的理論愈趨基本。

斗數盤局以十干四化為引，八字盤局以用神為引。一個顯於外，一個藏於內。

有多少人願意將底蘊透出？

有多少人有能力將底蘊透出？

本書或許會顛覆你過往對八字學的認識與理解，甚至有可能會影響到你要重新對各方玄學術數建立一套全新思維方式。但筆者推算八字時用的依舊是傳統技法，沒有離開《滴天髓》、《窮通寶鑑》、《子平真詮》、《三命通會》，如你閱讀完整本書後，認為筆者演繹得極反傳統，那是老掉牙的觀點與角度上的問題，你應該只在乎你自己是否有所得着。

若然你發現過往的所學出現嚴重不足，並懷疑你所一直相信、一直應用的學理存在某程度上的缺憾，甚至懷疑整個八字運算系統，特別在流年的推斷上，幾乎無法掌握，相信本書必能夠為你提供豐富材料，讓你從多方面重新了解八字學。

願「真相」一次比一次接近真相。

第一部分

八字理論

用神與忌神

——以全新角度分析用神與忌神的另一重意義。

若你認為行用神的運一定應吉，行忌神的運就一定應凶，請特別留意本篇，多讀幾遍。

若你對用神與忌神的定義不甚清晰，你不用為此而感到慌張困惑，這是絕對可以理解的，因為用神和忌神自古至今的定義都是模糊不清的。特別在用神一詞上，這個千古懸題一直困擾着很多命理學者，然而卻有很多習八字者以找出命局用神作為斷命的首要任務。

即使你感到相當費力，但只要對八字學有一定認識，都應該會在心中為用神與忌神的理解設下特定的標準，所以每個人對兩者的詮釋必然未盡相同。筆者無意在此下新的定義，雖然有某些八字學者認為「取用神」是走進沒有盡頭的歪路，但筆者仍然認為「取用神」有着無法取代的價值。

各大古籍及命學宗師都曾對「用神」有過不一樣的見解，取法有「專求月令」的，有「用神就是格局、格局就是用神」的，還有扶抑、調候、通關等等；而現今大部分命理學家都主張定義，最有助平衡格局的五行干支就謂之「用神」。**無論出於何種理解，「用神」之意明顯就是八字盤局的關鍵。**

甚麼是「用神」？莫衷一是，或甚麼都是。那麼，我們還要不要找「用神」？要。

對於為了「用神」在學理上的定義而爭論不休的命理學者，他們或許認為這是大是大非的課題。**但我們推命最基本的意義是為了甚麼？無非是預測與判斷人生各方面的吉凶、利弊、強弱、優劣而已。為甚麼要找出用神？也就是為了要從原局及歲運中有效地預測與判斷人生各方面的吉凶、利弊、強弱、優劣罷了。**

或許每個習八字經年的人心目中都有不可推移的「用神」和「忌神」，若要筆者對此定出界限，筆者會認為，**最有助於對原局預測與判斷吉凶、利弊、強弱、優劣的五行干支便謂之用神和忌神。而所謂的「最」，純粹只是概念的延伸，讓運算者抽出目標來凝視，實際上並不存有數量的規範。**

但請注意，有助預測與判斷吉凶、利弊、強弱、優劣，不一定等同吉凶、利弊、強弱、優劣本身——假如你能夠理解此句話的真正意義，很多古今八字學所謂的「奧秘」便會頓時被你揭開：你會明白到，為何有些盤局即使找對了用神，在行用神運時仍然不見運途舒暢，而行忌神運時也非凶險異常；你會明白到，為何會有命學宗師認為，八字盤局裏的用神可以不止於一個；你亦會明白到，《滴天髓》中「二三四五用神者，的非妙造」的深層意義。

一般認為，用神的旺衰強弱決定了命主的吉凶壽夭、富貴貧賤的程度。而一直以來，判斷格局高低都主要看用神力量的大小、數量的多寡而定，但為何總不常見命主本人能受惠於用神透干、通根有力的命盤？至於那些創造豐功偉業者，其原局的忌神卻往往肆虐猖狂。

不少命理家都相信，用神藏支、透干為高等格局的一種，但卻忽略了忌神的力量及位置編佈對命局作出的影響。

用神透干最明顯的意象是，說明你的優點及強項外揚，表露於人前，別人易於察覺。

用神藏支則意指其人的優點及強項是隱蔽的，別人通常難以發現。最為人熟悉的例子莫過於財星藏支為用，若能再遇佳運，這就是俗語說的「禾稈蓋珍珠」格局了。

至於用神同時能夠藏支、透干，其實就是展示了命主表、內皆有其過人之處。

我們都知道，世上擁有過人之處者多不勝數，要知道個人能力所達的程度，便在在需要競爭對手的實力來反映。愈能駕馭實力強橫的對手，其人愈是實力強橫，所以古籍都將羊刃駕殺、食神制殺、官（殺）印相生、傷官佩印者形容為絕非凡品。若能再配合適當的場所空間（大運）供其發揮，破天荒的命造就從此誕生了。

例如，隸屬阿根廷國家隊的美斯（Lionel Messi）之能夠多次榮膺世界足球先生，除了因為他個人的頂級實力及得到頂級隊友的支援外，最重要的是，他一次又一次擊敗了頂級的對手。

花紅還需綠葉襯托，但要在紅海中突圍，必須要比紅更紅——在原局上，如果忌神或被稱為對日元不利的五行干支無力及散亂，縱用神理想，亦常人也。

在大多數的理解當中，忌神就是剋制用神或破壞命局平衡協調的五行干支，所以一樣有強弱寡眾之分。

用神與忌神看似是互相對立，但實際上又互相依存，只是這種曖昧的關係是否在局中明現而已。（請參閱第41頁「有病方為貴，無傷不是奇」？）

既然忌神會影響用神的發揮，你可曾想過行走剋洩忌神的歲運會是甚麼境況？理應忌神一去，用神的制約被解除，在命局只有用神而無忌神時，會否一定是萬理光景？

如果用神及忌神所處的立場與「身旺要剋洩，身弱要生扶」的傳統應用理法相違逆，那應怎樣判斷？如果有一五行干支能去除局中之病，但該五行干支又會剋耗用神，那現實情況會出現何種遭遇？

假若你認為以上的假設是在自相矛盾，那該是你對五行變化與剋、沖、刑、合、化的理解與運用未能通達。事實上，習八字者必須先處理好這類問題，再替別人推斷吉凶才穩妥。

踏破鐵鞋，回首苦笑。這邊站久了，不妨跳到對面。

「體用」是玄學術數界中不可切割的實戰理論，在八字學中，當你視原局為「體」，歲運為「用」時，用神和忌神不但可以在局中找，也可以在歲運中找。

用神和忌神亦有可能會隨歲運而改變。舉目張望，風光，其實就在不遠處。

學術數有一奇怪現象，一是極其遵從古賢，一是極其反對古賢。我們明知很多學理是不對的，但仍然不自覺地讓後學去學習遵循。對初學者而言，認為只要選定某一兩種五行為命局用神時，皆以為該類五行全皆可用，遇之必吉。

例如，判定用神是木時，便認為逢甲、乙、寅、卯的大運、流年皆應吉，但只要稍為有八字學基礎者都知道，不同干支所引發出的剋、沖、刑、合、化各有差異，有時可以是逢甲、卯吉而逢乙、寅凶，亦可以是逢甲、乙吉而逢寅、卯凶。

雖然甲、乙、寅、卯在五行的表現上均同為木，但每一個干支給予命局帶來的效果卻不盡相同，所以必需兼視原局其餘組合佈置，才能定下真正的用神。

無奈的是，極多命理師給命主改善命運的建議卻是依從這個粗陋的大方向。當認為用神是木時，便建議命主多穿戴綠色的衣物，多吃綠色的植物，多看書，多接近大自然……其他五行亦依此類推。

難道他們已然達到將世事萬物都歸類為各種不同干支的境界？已能夠將各種濃淡深淺不同色調的顏色分成不同干支？那麼，pantone pms 365 跟 375 的干支是甚麼？菠菜跟生菜的干支是甚麼？書本和大自然的干支應該不一樣吧！百科全書和術數書籍的干支會否也不一樣？紅樹林跟郊野公園又會是甚麼干支呢？

太陽從來沒有從東方升起過，天然的海水亦不是藍色的。

身旺與身弱

——身旺與身弱的立體理解。

「身旺與身弱」是「用神與忌神」的姊妹篇，它們雖然唇齒相依，但其實說不上是連理同枝。即使你能正確分辨出身旺與身弱，但不等於你能找對用神與忌神；反之，即使你錯誤判斷身旺與身弱，你亦可以找對用神與忌神。

近代很多八字書籍與命理師在教導我們找出用神與忌神前，要先判定日主的身旺弱，這個推算命盤的次序無可厚非，筆者亦慣性如此，但很多人卻以為分辨出身旺、身弱等同於找到用神、忌神，這無非是因為「身旺要剋洩，身弱要生扶」的概念過於根深蒂固而已。

傳統鑑定日主身旺弱有一個基本準則，就是比較命局中比旺日主與剋耗日主兩類群組間的力量強弱。當自黨（正印、偏印、比肩、劫財）的力量較強時，是為身旺；相反，當異黨（食神、傷官、正財、偏財、正官、七殺）的力量較強時，則為身弱。

至於如何界定自黨與異黨的力量強弱，則是各師各法，而當中名號最響及最多人運用的方法有以下兩種：

一・計算自黨與異黨的實際數量。自黨數量較多為身旺，異黨數量較多則為身弱。

在一個命局中，除去日干外，餘下的干支只有單數七位，所以不會出現混亂含糊的情況。更細緻的算法是，將地支中的藏干也計算在內，並為各干支定下力量標準，然後按各自黨與異黨所得的力量來分辨身旺、身弱，此為該類運算模式的延伸版本。

由於旺、弱界線相當分明，所以大部分的電腦算命程式都是根據此系統研發的。

二・將命局分成天干（不包括日干）、地支（不包括月支）、月令（月柱地支）三大部分。首先查看自黨是否能佔據各大部分：

得令——月令為自黨。

得地——除月令外，其餘三位**地支**有二位或以上為自黨。

得勢——除日主外，其餘三位**天干**有二位或以上為自黨。

再綜合計算自黨在三大部分中能佔多少份額，能佔得兩部分或以上者為身旺，否則是為身弱。

這類運算模式同樣亦可以加以細緻處理，有命理家另行創出「得生」、「得助」……之類的名詞，再將命局劃分，至於是否真的能幫助鑑定日主的身旺弱，還待各高明賢達判斷了。

以上兩種方法並不能混合使用，兩者偶然會於同一命局的結論上出現對立，加上各家對「合」、「化」的處理仍存有頗大爭議，自黨與異黨會否互換崗位便有相當多的詮釋空間。如遇此情況時該怎麼判斷？避免尷尬出現，有些八字書籍會略去判斷身旺與身弱的部分，直接找用神去了。

這是否說明鑑定日主的身旺弱已變得不重要？筆者倒不這麼認為，而且不單日主的旺弱重要，要斷命立體，全局各干支的旺弱都同樣重要。

包括日主在內，要對盤局內各干支的旺弱有更深入的了解，我們可以查看其原設定的結構內容。

自黨者，「同我」或「生我」者也。

異黨者，「我生」、「我剋」或「剋我」者皆是。

雖然有說官殺會隨印星的存在與否而改變身份，但若只論及原局，官殺因具剋身之力，故無可否認肯定是異黨。

異黨之類者眾，原設的局面在根本上就在不公平的失衡狀態下，成為身弱的可能性無疑是較身旺高。

根據日主「身旺要剋洩，身弱要生扶」的理論，在大運及流年碰上異黨的機會肯定較自黨多。而且「我剋」和「剋我」者分別都是平常民眾一生渴望擁有的「財」、「官」，難怪不少古往今來的命理書籍總是褒揚身旺而貶抑身弱，實乃身旺難得也。

依此看來，莫非身弱的命局天生已然輸在起跑線上？這就要看你如何理解與分辨身旺與身弱了。

如果這些都是你一直以來對身旺與身弱的了解，甚至運用在實際的推算上，可以想像，你一定會經常對命盤的遭遇感到莫名其妙，而且亦很難有系統地作出完善的解釋。你顯然發現壁上滿佈血迹，但卻沒有察覺到自己已血流披面。

身旺與身弱的真正意義，在於所有干支的旺弱都是相對的，而非絕對的。命局身弱不一定代表日元都同時較食神、傷官、正財、偏財、正官、七殺弱。原局身弱不一定代表在每一個大運、流年都同樣身弱。今天身弱不一定代表明天都同樣身弱。原局身弱是可以因為大運流年的過分生扶而遇歹；原局身旺也可以因為大運流年的過分剋洩而遭殃。

在「用神與忌神」（第26頁）中提到，「體用」、「立極」是玄學術數界中非常重要的理論，要明白身旺與身弱的相對意義，就要有「換極」的思維。比如，有一命局財、官、印皆全，你便需要知道它們各自立極時的關係，分析如下：

一・以財星立極時：財星有食傷，財星有財星。

二・以官星立極時：官星有印星，官星有食傷。

三・以印星立極時：印星有印星，印星有官星。

在命局中換位立極，除了能讓你從不同角度中體會身旺與身弱的層次，亦能讓你更進一步了解各自黨與異黨的關係。

再來就是對十天干、十二地支在相互運用上喜忌變化的理解，特別是四季土的天然特性（請參閱第83頁「四墓庫與華蓋」）及月令（請參閱第131頁「合化論」）對盤局的影響，這些常常被習八字者所忽略和誤解。

當你真正明白了身旺與身弱的定義時，你會知道身旺的男命行財官大運不一定能夠升官發財；你會知道身旺的女命行財官大運不一定可以幫夫、旺夫。越過了此鴻溝，你便差不多能為從弱格與專旺格解密了。

判斷身旺與身弱及找出用神與忌神雖然是兩種完全不同的技巧，但它們同樣是會隨「時」而變，易「地」而處，此實乃源自《易》中的「變易」。命運的吉凶始終離不開五行之間的旺衰變化，箇中形式為不變之根據，此則為《易》中的「不易」也。有謂「善易者不談易」，筆者執其皮毛已能游刃於八字圖陣之中，閣下高賢若能明其「變」與「不變」，定然能決勝於千里之外。

此文特意置於「用神與忌神」之後，目的是為你在尋找立方體的正面過程時提供足夠的樂趣。

每一步看似都是第一步，走過了，悄然已在山嶺處。

「運為君，歲為臣」？「歲為君，運為臣」？

——大運與流年的君臣關係。

在歲運的主次上，有命理家以「運為君，歲為臣」為斷命的基準，認為大運是所臨之地，流年是所遇之人和事，環境應該比人和事重要。亦有命理家贊同「歲為君，運為臣」，認為歲君是流年之主，大運是個人運數，「主」應該比「僕」重要。

兩種極端而對立的看法說明了最少一方是錯的。很多人斷大運應驗如常，斷流年卻常常出錯，他們是分不清君臣還是將君臣的位置弄錯了？

人有君臣之別，歲運也要跟着遵奉君臣之禮嗎？是否當「君」的一方就能主宰一切？「臣」只能聽令行事？然而，君雖有無上權威，但自古無數臣子欺君犯上，甚至弒君奪位。

如果「歲」、「運」真的可以分得清清楚楚，批算起來就簡單得多，人生亦不會如此複雜了。

大運是從命盤引伸出來，是個人的；流年是世界時間的流轉，是與所有生命事物共行的。大運彰視了個人生命的軌迹；流年顯現了世界活動的頻率。至於世界這個載體亦有其自身的大運，它自身的大運亦影響着它自身的盛衰。它們原本由互不相干發展至千絲萬縷，關係的產生是因為彼此間出現了互動。

在我們現存的三至四維空間裏面，每一個生命都會因時間的推進而出現變化（除非你能跳出五行與時間），當與世界接觸，流年的力量就可以影響生命的發展。生命本體加上其自身大運的生命週期，再經過流年的牽引，完整的圖表才能夠真正活現眼前。

原局是生命本體的**靜態**，大運是生命本體的**動態**，流年是外在各方因素的**靜態與動態**。原局、大運、流年各司其職，互相牽動又互相牽制。

「歲」、「運」君臣這個問題一直是八字學中的泥淖，一般習命者甚至是命理師，都經常墮入流年活在大運中或大運受流年管制的誤區，以為只要是良好的大運，再差的流年也不致傾倒淹沒，又或相反以為只要是良好的流年，再差的大運也不足以構成影響。所以大多只能推算出一般的大運，簡單粗略的說上幾句財運很好、事業一般、百事皆吉之類概括面很大的預測，不單毫無價值，如果一旦失算於流年的推斷，輕則導致命主錯失進退之機，嚴重者更會造成不可估量的損失。

大運或流年沒有誰是領頭，也沒有誰甘於落後，它們兩者都沒有完全覆蓋對方的本事。大運不能完全擋住流年，流年亦不能完全凌駕大運。大運可以令流年劍拔弩張，流年也可以令大運兵敗如山倒。大運可以使流年命懸一線，流年也可以使大運起死回生。同一個大運，今年可能平淡無奇，但明年或許已經翻天覆地。

大運和流年各自與對方相互作用才能令原局在設定範圍內變幻無窮。

大部分命理家認為，當原局與歲運合沖多見時，不論喜忌都多不如意事。其實最主要原因是，原局的五行遭受歲運亂入以致突然紊亂，有時更或合化出新的五行，打破原局的規律秩序。

很多時候，合沖皆見都不是忌神一面倒，但局亂，表現在外的人和事自然跟着亂，釋放忌神當然會更為一團糟，但有時即使是用神來幫一把，當事人的心情也會因為受到長時間困擾而不能好到哪裏去。

究竟誰是君？誰是臣？如果你仍然執著於分辨君臣之別，你斷流年的功夫只會停滯不前。

綠水本無憂，因風皺面。青山原不老，為雪白頭。

「有病方為貴，無傷不是奇」？

——以病藥的角度去闡釋用神與忌神既互相對立又互相依存的曖昧關係。

這理論不單應用於八字學，放之於斗數學與相學同樣受用。只要能夠用心體會，「有病方為貴，無傷不是奇」的法則其實並不局限在玄學世界，還無時無刻展現在吉凶、利弊、強弱、優劣交雜的現實生活上。

人類很少傾向相信太完美的事或相信太完美的人，我們有時反而會迷戀有缺憾的人與事物。我們追求完美，但不相信完美，這或許就是「缺憾美」可愛的地方。

「病」與「傷」都是造成命局缺憾的因素，正如筆者在後記中提及90、5、5的分佈，缺憾有助促使社會加速進步。

很多東西不是單方面往需要的地方增強就可以得到正面的效果，特別是一些關乎人性上的處理，例如愛情、人與人之間的友情，還是工作中上司與下屬的對待關係，一廂情願的付出並不一定是趨向完美的最好方法。

在糖水中加鹽看似滑稽，卻能令糖水更甜，令它的味道更醇和可口。

「病」與「傷」都是命局首要克服和處理的問題。對待局中的病與傷，**很多人只注意到「藥」的輕重，而忽略了日主的承受力。**

命局只有傷病而無藥當然困頓，但只要能挺得過去，在大運中見藥來濟便可振臂解鬱。如所得之傷病已重得令命主奄奄一息，縱大運得藥灌喉亦只能徒嘆奈何。

張神峰前輩的「病藥論」用意甚明，既以病藥為喻，即使得藥，仍需酌量，未為全美也。此之所以，小病得大藥亦常人，大病得大藥方成極品富貴。

為何大病得大藥可成極富或極貴，更或兼而有之？

世上十之有九都是正常人，命局中有大病的人代表此人的生理或／和心理必大異於常人，或許在身體上有終身缺憾，或許在智能發展上有障礙，或許性格在某方面極端執拗，或許六親無顧缺乏家庭温暖，或許家境極度貧窮等等。他們或多或少都背負着常人難以理解的重擔，致使此類人會做出一些常人不會做、不想做、不敢做、不敢想或甚至想也沒想過的事情。

大藥就是給予條件（環境、際遇），讓此類人可以盡情發揮、盡展所能，以達

成常人認為不可能的任務，從而走向成功。

傷病，是對身體單方面的壓抑；藥，是治療身體使身體回復正常。當身體足夠壯旺能夠駕馭傷病，將最大的缺點轉化成最大的優點，把雙面刃操控自如為己所用，才是病藥論未能全然表達的真諦。否則，將傷病治癒好又何足以見貴？何足以見奇？

當然，你本身必需是舞刀弄刃的料子，只因暫時身體不好、力不夠壯健而已，否則一旦藥效過去，殘喘之軀再難敵剋洩，如仍強行揮劈，刃利我邊，最後只會傷了自己。（例子見於第94頁「他是希特拉」）

例如斗數盤中的日月反背，此局一直被譽為是傳統的富局，但盤局的構成卻出奇地有違傳統成富的規則。

這類人追求財富的原因多是來自心靈上的缺失或不安感，而並不一定是由於出生貧寒，可以是無以名狀的若有所失。為了滿足自己的慾望，他們有時甚至願意摒棄世俗的道德束縛，在現實生活中運用各種手段去追求物質上的充裕。如遇佳運，因為心靈上的無限饑渴得到相應餵飼，自可擁有一定數量的財富，至於能否成為鉅富，當需視盤中其他星曜配搭。

又如額相多紋低陷，並見眼神穩定而含光不露，可斷其人見識與經歷一定非凡，而且對人生必有深徹的體悟。這主要是年少時透過各種歷煉所得，如鼻、顴配合得當，更或富或貴。

額主少年入青年，為人生初踏社會的階段。額相不好，額運的路途不會平坦。眼雖主青年入中年，但眼神之多變是面相上其餘四官所沒有的，所以任何時候觀相都不能離開對眼神的審察。眼光內藏多見於中年成功人士，這是已有所得及對自己能力的肯定。

這種眼、額的組合揭示了胸口上的徽章是以無數傷痕換回來的，而此刻卻能安於現狀，已不再需要耀武張狂了。

大病得大藥可成極品富貴，但不是所有的極品富貴都同出於此原則。正如足球是圓的，但不是所有圓的東西都可以拿來當足球踢。

這邊打了你一拳，那邊給你一塊麵包。這邊割了你一個腎，那邊給你一幢房子。

甚麼才是人生真正的富貴？如何才能得到人生真正的富貴？

今天的用神或許就是他日的忌神；同理，今天的忌神亦可成為他日的用神，一

切在乎「運」。（理論請參閱第26頁「用神與忌神」與第32頁「身旺與身弱」兩篇文章）

忌神之力再大，只要局中有所制化，便不致弱極不從、旺極不專；運轉之時，則窮亦通，貧亦富，賤亦貴。這才是「有病方為貴，無傷不是奇」之深層意義。

朋友變成敵人是無比痛苦，但敵人成為朋友卻是難能可貴。

《窮通寶鑑》與「調候」

——《窮通寶鑑》被人輕視誤解的一面。

《滴天髓》與《窮通寶鑑》就好比我們的一對手與一雙腿。

跑步沒錯是用雙腿跑，但沒有雙手去做擺動動作和平衡協調，是不會跑得快的。

懂得踢足球的人都知道，不擅長用手去隔開對方來保護皮球，足球是不會踢得好的。

如果你學習八字多年而仍沒法判斷命局窮通貴賤的層次，凡見命局用神有力，都以為是上流之命，相信你一直都歧視《窮通寶鑑》的存在。

很多初學八字的人都偏重《滴天髓》而忽視《窮通寶鑑》的重要性。《滴天髓》文筆精煉，意簡言賅，招招直取要害，形如絕世武學秘笈。管中窺豹，已然脈絡暢通，如能一窺全貌，氣血週流貫會，頓感渾身是勁。《窮通寶鑑》則平易近人得多，執手練劍，循循善誘，判明一招一式的優劣；但始終一日未見對手，難現真章。

在八字的初階入門書籍中，我們常常會看到作者引用《滴天髓》的名句藉以解釋言難及義的技法，但極少有提及《窮通寶鑑》的應用，只有當遇上拆解不了的命盤時，才間或搬出「調候」理論，這亦是《窮通寶鑑》為人所認識的主要原因。

不少人將《窮通寶鑑》與「調候」劃上等號，認為「調候」就是該書的全部。

「調候」理論沒錯是整本書的主軸所在，但其對十天干不同立場處境的見解不單毫不遜色，甚至更見精采。

很多命理學者都主張學命前要先學「易」，認為《易經》乃群經之首，匯集命理學之大成，是打開命學大門的金鑰匙。或許筆者不才，筆者認為《易經》對初學命理的人來說，尤如讓小學生去讀中國四大名著的原著版。這枚金鑰匙的含金量實在太純了，亦明顯過重。現在的小學生雖然早熟早慧，他們即使有能力讀得明白，但亦並非代表能體會作者真意。

要有所體悟於四大名著，必先要有所體悟於人生、有所體悟於世界，這些都無可否認是需要時間去切身體驗經歷的。十五歲跟三十歲的閱讀感受必然出現重大差距；到六十歲時，想必又將會有另一番領會。

沒有命理學基礎而貿然學「易」，只會徒在外圍磨光墨水。《易經》跟四大名著分別看似是了解命理學與中華文明的入門大道，但待你探得層層堂奧，彼岸其實已在眼前了。《窮通寶鑑》與《易經》一樣，淺者見淺。

正如坊間大部分的命理家所言，《窮通寶鑑》只重於「調候」，脫離了一般人認為的八字核心「身旺要剋洩，身弱要生扶」的取「用」之道，有違旺抑弱扶的八字法門。

反對「調候」的命理家當然會於自己的八字著作及教授學生時刪掉調候學說，這是可以理解的。但不知從甚麼時候開始，某些贊成「調候」的命理家竟然協助培育「調候」成長，創出了「調候用神」一說，這就是上文提及到的，一些命理師當找不出合理原因去詮釋命盤時，拿來應急的「調候用神」。

「調候為急」，果然能急人所急。

人生的涉及面是廣大而寬闊的，難道我們非要集中在事業上、名譽上、錢財上不可？

為甚麼有人富可敵國，卻夫妻分離、子女不和？

為甚麼有人位極人臣，卻健康不佳，有美酒而不能酌，有佳餚而不能嘗？

八字學中的五行干支除了有力量強弱之分外，在温度上亦有高低差距，作出調候的干支好比是命局温度的調節器，是大概關乎感情、健康和個人福樂的，有時甚至影響着格局層次的高低，雖非直接與「物質」點連，但卻為人生的重要關鎖。

《窮通寶鑑》雖沒有《滴天髓》那種劃破長空之勢，沒能為你創造半點激情，但碎碎唸式的教導亦可細水長流。

真假宿命

——「宿命」的界限與管理範疇。

「宿命」的話題從來都是敏感而極端的，但幾乎所有的命理書籍和宗教都無法避而不談。支持與反對各據一方，看來沒多少和談的餘地。說命運可改，造成多少神棍斂財。說命運不可改，被罵消極頹廢主義。

一命、二運、三風水、四積陰德、五讀書。這個排列，是以眾凌寡的，是一VS二、三、四、五的總和。你真的以為一班臭皮匠可以勝過一個諸葛亮？這未免把諸葛亮看得太弱了。

絕大多數的命理師與宗教都極為反對宿命論。特別是命理師，多吹噓自己手握天機，能逆轉乾坤於股掌之中，這點很好理解，否則之後就沒戲了。宗教就直接得多，反對源於不認同有命運的掣肘，相信只要將一切託付於神，侍奉好神，人生就會完善美好。他們都認為人力或者神力可以在既有的生命上作出無限的改變。

西方有句很具鼓勵性的名諺：Anything is possible。東方之説更加豪氣萬千——人定勝天。

人定勝天？人為甚麼要勝天？勝了今天，明天還要繼續戰鬥嗎？

如果你相信任何事都有可能改變，你不妨嘗試：

一・以五呎二吋的身高去打籃球苦練跳高，學習如何灌籃。

二・在平面電視機前配戴立體視覺效果的眼鏡，觀看立體影像。

三・以鋼琴彈出吉他的聲音。

當然，如果你將「人定勝天」理解為：

一・調低籃框的高度。

二・選擇一部有立體影像功能的平面電視。

三・使用能彈出吉他聲音的電子琴。

你的外貌是宿命，你可以整容改變樣貌。

你的身體是宿命，你可以更換器官、裝配義肢。

你的基因是宿命，但你能夠換掉體內的基因嗎？

你能更換朋友，但你能夠更換父母、兄弟姊妹嗎？

俗語說：「命裏有時終須有，命裏無時莫強求。」

但我們如何確認自己的「有」或「無」？我們怎樣可以知道命裏在甚麼時候會「有」？甚麼時候會「無」？多大的強度是為「強求」？有沒有一個強度指標？

我們常說先天命、後天運，命與運真的可以分開嗎？先天、後天各佔的比例又是多少？當真是「命好不如運好」嗎？

學習過八字或紫微斗數的人都知道，排好命盤，運盤就跟着出現了，只是男女陰陽順排逆佈有所分別而已。

八字的大運出自月柱，斗數的大限是黏着命盤誕生的。

命與運本就是天生一對，更貼設的比喻是：雌雄同體。

只要是同一個命盤，相應的運盤一定是一樣的。換句話說，先天是先天，但後天其實都是先天的。**如果命運能改，一切的祿命之術便都成廢話了。**

將敵我重新排列，現在是以寡敵眾，「一、二的總和」VS「三、四、五的總和」。

諸葛亮得趙雲之助，卧龍得雲，一飛沖天！

十萬個體重一百公斤的成年人加起來的臂力肯定較一個體重二百公斤的成年人強。但十萬個智商一百的成年人即使全部一起來運算數理問題，也不會比智商二百的小孩快和準。

我們還可以借助風水，還可以積德，還可以讀書。風水有多大能力？能夠將破財的年份換成發財嗎？積德要積多少、多久才有效用？積德之後，能夠將破財的年份換成發財嗎？讀書要讀甚麼類別的書才會成功？飽讀之後，能夠將破財的年份換成發財嗎？

假如你出生於埃塞俄比亞的貧民窟，住宅旺坐旺向，自發日行十善，月讀萬卷詩書，再送你三百智商，你認為你可以改變甚麼？

筆者絕對相信後天的力量有一定程度的影響，但我們極其所能是盡量利用框框內的剩餘空間，或將框框髹上其他顏色，但卻不能將框框換掉或拆走。孫悟空縱有七十二變，也難逃佛祖的指掌。

世界上有無數所謂的成功者著書教人如何在人生上取得成功，但作者說自己是因為依從其他成功者所寫的書中方法而獲得成功的，筆者未嘗一見。若成功者不是因為看了導向成功的書而成功，那麼，這些書又是寫給誰看的？

表面看到的「果」不一定都由表面看到的「因」所造成的，它可能還有其他決定性的因素主宰着。

框框內的剩餘空間雖然有限，但我們的思想和意念卻是無比遼闊。**即使高低起跌相同，也可以感受不一樣的喜怒哀樂。即使命盤相同，也可以活出不一樣的命運價值。**

凡生命皆有盡時，但假如生命的失去不代表一切的完結……

如果生命的開始是偶然，生命的發展與延續應是……

如果玄學術數的開始是偶然，玄學術數的發展與延續應是……

如果你今天看到這本書是偶然……

為甚麼太陽總是跟着我走？為甚麼雨水總是從天上來？為甚麼偏偏遇上他／她？是上天給你開的玩笑還是人生未完的功課？

有時，人算不如天算。

相同命盤

——批命的局限。

學過命理的人都知道，不論八字、斗數、星座、玄空飛星、六壬或奇門遁甲等等學問，盤局的組合都是有極限的，即使被喻為精準無比的鐵板神數，其中的「數」也不是無窮無盡的。

現在全世界的人口已達七十億，而且還在不斷增長，連小學生也知道，世上不會有兩個完全相同的人，更何況是完全相同的家庭背景、成長際遇？

孿生姊妹很少會嫁給同一位男士作太太，即使緣分有如此安排，她們也沒可能為丈夫在同年同月同日同時同刻誕下完全同一樣的嬰兒吧！

但有人卻執意以有限的盤局去否定無限發展的可能。無限，是思想意念的無限，正如蝴蝶效應的理論中提到，即使是再細微的改變，世界亦會從此不一樣。

命理的可變性在於不會就每個個體或組合提供確實的數值，命盤帶出的信息，只是一個生命藍圖的粗略反映。正因為沒有確實的數值，才有加減浮動的空間。（請參閱第50頁「真假宿命」）

有些命理師自詡，單憑一個命盤，他們就可鉅細無遺地推算出命主的前世今生，甚至是來生後世。筆者不知道這是甚麼技法，但能體會一些靈動力強的命理師能對過往已發生的事作出某程度的感應，但若因此而一口咬定未來境遇，則似乎是漠視了其他力量的存在。

世上擁有相同命盤的人不知凡幾，如果命運能被這麼鐵口直斷，不就等於否定了環境風水的力量？否定了個人面相的力量？否定了心念的力量？否定了業力的力量？否定了其他一切人為與非人為的力量？

先輩紀曉嵐在《閱微草堂筆記．卷二．灤陽消夏錄二》中的第一段，講述有關相同八字但際遇殊途的例子，節錄如下：

董文恪公為少司空時，云昔在富陽村居，有村叟坐鄰家，聞讀書聲，曰：「貴人也，請相見。」諦觀再四，又問八字干支，沈思良久，曰：「君命相皆一品，當某年得知縣，某年署大縣，某年實授，某年遷通判，某年遷知府，某年由知府遷布政，某年遷巡撫，某年遷總督，善自愛，他日知吾言不謬也。」後不再見此叟，其言亦不驗。然細較生平，則所謂知縣，乃由拔貢得户部七品官也；所謂調署大縣，乃庶吉士也；所謂實授，乃編修也；所謂通判，乃中允也；所謂知府，乃侍讀學士也；所謂布政使，乃內閣學士也；所謂巡撫，乃工部侍郎也。品秩皆符，其年亦皆符，特內外異途耳。是其言驗而不驗，不驗而驗，惟未知總督如何。後公以其年拜禮部尚書，品秩仍符，按推算干支，或奇驗，或全不驗，或半驗半不驗。余嘗於聞見最確者，反覆深思，八字貴賤貧富，特大略如是，其間乘除盈縮，略有異同。無錫鄒小山先生夫人與安州陳密山先生夫人，八字干支並同。小山先生官禮部侍郎，密山先生官貴州布政使，均二品也，論爵，布政不及侍郎之尊；論祿，則侍郎不及布政之厚，互相補矣。二夫人並壽考。陳夫人早寡，然晚歲康強安樂；鄒夫人白首齊眉，然晚歲喪子，家計亦薄，又相補矣。此或疑地有南北，時有初正也。余第六姪與奴子劉雲鵬，生時祗隔一牆，兩窗相對，兩兒並落蓐啼，非惟時同刻同，乃至分秒亦同。姪至十六歲而夭，奴子今尚在，豈非此命所賦之祿，只有此數：姪生長富貴，消耗先盡；奴子生長貧賤，消耗無多，祿尚未盡耶？盈虛消息，理固如斯，俟知命者更詳之。

以上提到的數個命例，意在指出命運的高低軌迹雖有象可測，但軌迹的深淺仍是無法預料的；而最值得人思考的，是紀曉嵐在文中提出了「能量總和」及「等價交換」的假設。

在相同的能量設定裏（命盤），是否這邊拿多了，在另一邊則要付出相近價值的東西來償還以作出平衡？所以富貴人家往往失之於六親緣分，平常市井反多仁孝兒孫？才子紀曉嵐也走不出的迷思，看來只好寄望來日的大智大慧了。

同一時辰出生的命盤，可以理解為不同人在不同或類近環境下成長，生命卻在同一命運趨勢裏發展。

每一個生命由出生到死亡的過程，無不受制於外在因素，在甲社會發富發貴的命盤，或許在乙社會卻只能夠平坦舒泰。不少命理家對相同命盤的推算都有自己的一套標準，大多傾向於技法上的追尋，可惜至今未見有人能圓滿其説。

命盤的組合有數十萬種可能，命理師即使再經驗豐富，再勤奮努力，每天細詳十數個命盤，無間斷的從二十歲開始替人批命到八十歲，也沒可能將所有的命盤都推算過。這説明了，每一個命盤都幾乎肯定是全新的挑戰。除了孿生子女的命盤外，可能一生也難再碰上「同盤不同人」的例子，在普通技法還有改善空間的時候，我們是否仍要那麼在乎相同命盤的批算？

原設定的命盤只提供能量的總和，刻意抹去可變的按鈕，留下的空間或許是為了讓我們繼續去尋找生命的真諦。

擇日產子

——宿命、命主、命理師的連動關係，擇日產子的注意事項。

很多人都認為，擇個好日子就會生個好兒子，所以普遍相信，只要請命理師為自己擇日產子，便能為兒女或自己及家人帶來幸福富貴。

筆者不知道其他命理師如何看待及處理客户的要求，雖然筆者亦曾替不少父母擇吉剖腹，但每次遇上新個案要正式執行時，所感受的壓力之大與難度之高仍非別的命理項目如風水勘察、命名改名能夠比擬，因為受委託的是一個生命的命運安排。

不了解命理的人會認為，如果每個人都經由嚴密精算的擇日過程才出生，世界就會少了痛苦，多了快樂，各方面都會變得更美好。亦有人認為，富有貴顯的父母只要請名師為自己的兒女擇日出生，就可將其富貴延續，甚至能為固有的基業再創高峰。更多的人認為，如果擇日出生可以為所欲為，命理師一定會為自己的下一代擇一個最好的日子，從而取盡人間富貴。但何以未有聽聞哪位偉人名士、富商巨賈的上一代、兩代或三代是名揚天下的命理師？

擇日產子本身在生產日期上已有極大局限，日期的選擇一般只有在預產期內的兩個星期，而且通常取較前的一個星期，因為自然性的早產於現今社會實在太普遍了。一年三百六十五日，每日十二個時辰，為甚麼你認為的好日子一定可以出現在你寶貝出生的這兩個星期內的某一個時辰？

甚麼是好命？是大成大功？是無災無難？你、我、他或她心目中的好命又有沒有分別？至於這個腹中的孩子，他／她心目中的好命又會是怎樣的呢？如果父母早亡能換來他／她將來富貴榮華，你願意成就他／她瑰麗的一生嗎？

有一案例讓筆者特別深刻，當中的夫妻倆皆為國內富有人士，身份地位亦非一般人等，他們長期定居香港，但夫妻二人隔角。作為妻子的一方私下找筆者為她腹中女兒擇日出生，但筆者自知跟她的價值觀有嚴重分歧，本不想答應，但到底相識一場，以免芥蒂加深，亦只好盡力為之。

她找筆者擇日產子，其實頗讓筆者感到詫異，因為她應該知道她的「好命」跟筆者的「好命」在定義上有極大的區別，除此之外，她的附加要求亦令筆者在推算上極難作出適當的平衡。

筆者出生在草莽之家，思想當然離不開草莽式的安樂，但求每日三餐温飽，家庭齊齊整整，若能他日不愁衣食，定然祖先顯靈，家山有福。早嘗富貴的她當然比筆者這種螻蟻式的視野進取得多，豈可讓下一代平平凡凡、屈於人下？尚好這點不難理解，晚學盡量滿足。

至於上述提到的格外要求雖名為附加，但實為重點。父方受傳統中國思想影響甚深，一心只希望下一代出現男丁，他更曾勸喻妻子人工流產腹中女兒，而母方堅持要讓女兒順利出生，甚至奢盼利用女兒的八字來改善她與丈夫充滿裂痕的婚姻關係。

雖然知道她痛苦的來源，但筆者畢竟只是旁人甲乙，況且她情根深種難捨難離，正是愛亦奈何，恨亦奈何，筆者也實在不應加插太多個人理想主義。自知難以履行本次任務，但又不好直接推託，亦明白到各自價值觀的取向，所以筆者相信，屆時無論如何分析為她「度身訂造」的良辰吉日，都將一定難以令她滿意。

勉強答應後，筆者認為自己作出了一個相當聰慧的決定：馬上建議她多找幾位命理師一同擇日，要她多方面採集意見，以求取一個最理想的選擇。

如你作為一位負責任的命理師，當遇上一生不得良緣的男士或女士要求從創造自己兒女的生辰去扭轉自身宿命時，你會如何解決？

筆者雖苦心修行，奈何機緣未到，始終無法參破雞與雞蛋誰先誰後的問題。而這次的問題，最後由「宿命」幫忙解決了（有關宿命的探討，請參閱第50頁「真假宿命」）。果真如筆者所料，她不傾向採用筆者提供的日子，她似乎比較喜歡另一位命理師的方案，但始終懸而未決，還特意拿該命理師擇取的八字來詢問筆者的意見。命盤如下：

坤造：

偏財	日元	正印	食神
甲	**庚**	**己**	**壬**
申	**子**	**酉**	**辰**
庚 比肩	癸 傷官	辛 劫財	戊 偏印
壬 食神			乙 正財
戊 偏印			癸 傷官

大運（歲）：

51	41	31	21	11
甲 偏財	乙 正財	丙 七殺	丁 正官	戊 偏印
辰 偏印	巳 七殺	午 正官	未 正印	申 比肩
正財	偏印	正印	正官	食神
傷官	比肩		正財	偏印

先不論原局結構，筆者個人擇日定必兼視「命」與「運」，除非嬰兒的父母表明立場可以完全接受噩運的加臨，否則在替女命擇日時，必然會避免讓其在正常婚姻生活的階段（三十歲至五十歲）遇上破壞姻緣的大運；而在替男命擇日時，亦會避免讓其在中年期間（四十五歲至六十五歲）碰上事業和財運大傾倒的大運。對於筆者這兩項建議，至今未有遇上任何客戶提出反對。

回説命盤，從其擇取八字的方向可以看出，對方應該不是老一輩的傳統命理師，因為其根本沒有將姻緣的相關情況放入考慮之列。據客戶引述，該命理師認為此八字可減少她丈夫的桃花，而將來女兒自身亦能有所成就，更説很有潛能在醫學界發展。

原局金寒水冷，庚生酉月得令，但日主旺弱不是此命局討論的重點。申子辰水局在酉月得壬水出干引出、命無官星加上傷食沖天之勢，才是此女命的關鍵。

如原局有旺土制剋或旺木化洩尚可有救，但甲、己分別都自身難保，而最不利的是命無火神，五行有缺，「少者必貪」，火既為官殺，又是局中調候的主脈，心中必定極為渴求及嚮往感情上的温暖，本命的基因早已奠基在情感上的反覆與掙扎。

坤造：

壬	辰
己	酉
庚（日元）	子
甲	申

大運：

11	戊申
21	丁未
31	丙午
41	乙巳
51	甲辰

此命第二柱即開始進入南方火運，一個女命在適婚年齡之時走上官殺旺相的大運原本極為切合生理及心理的需求與發展，問題是此命沒有強力的印星制衡傷食或／及強力的財星充當傷食與官殺之間的緩衝，若原局各干支又未能遇上適當的轉化，原局的傷食與大運的官殺無可避免會發生惡性衝突。

第二柱丁未運，丁火正官合住天干壬水食神，坐下未土為月干己土正印補下強根，整柱大運為全局提升了溫度；子未相害與夫妻宮作出了互動，種種迹象顯示，運內將可成就一段美滿姻緣，而且人生仕途亦快樂舒暢。

遺憾的是，第三柱遇上全柱官殺的丙午運，大運坐官透殺沖入夫妻宮已隱伏危機，最要害的是，官殺將會在無遮無掩下被壯旺的傷食毀壞。究竟是發生多角戀愛而最終一拍多散，還是接連的來來又往往？這便要綜觀原局、大運與流年的動態構成，但幾可肯定的是，此運會劃下深刻的感情創傷，年月都要徘徊在愛與痛的邊緣。

隨後的乙巳、甲辰兩運都無法平復過多的情感，不是求而未可得，就是勉強求得，亦只會愛恨交纏。情深，換來恨更深。

命理學及醫學都有相同說法，身體會將最弱的一環留給下一代，所以疾病會遺傳。但難道感情缺失的基因也一樣要接續不能斷？

偏財甲木為日主父星，有關減少父親桃花的推論，相信是由於見辰土（甲木的偏財）被合去，而甲木又生於酉月，勢弱加上無強根，因此推斷其成了沒有嫩葉及野花襯托的光禿樹幹。

可惜這一切都只是停留在原局的自我陶醉。甲木面對的最大問題是水大木漂，此為家無定所之象。

撇開後運不談，第一運戊申再合出水局，大大加強了飄盪的性質，原局地支本已見子水沐浴，又在大運遇上甲木之偏財戊土，外在條件已設定好要誘發早藏的貪花因子，待至甲木稍為得力的流年，父親又豈會戀家？更遑論減少他的桃花。

至於從醫的潛能，筆者實在不知，亦無興趣鑽研尋找那位命理師所持的理據（有關職業性向，請參閱第70頁「職業推算」）。如果是因為命中金旺或因天醫星（時支申金）的存在而有此判斷，筆者無話可說，只能認同命主是一個非常聰明的人。

閱盤後感到相當惆悵，説真心話，對方心裏難受，編造謊言，自己不會感到好過，並不是要她接受筆者的想法，只希望她從另一個角度去了解她自己的選擇。

命運之讓人難以捉摸，是因為人性的變幻莫測。世界之所以紛爭不斷，是因為人性的自利自私。她或許並不在乎她女兒重走她的路，所以筆者亦不在乎她的選擇。

命與運互相交溝才會構成人生的圖譜。擇日產子之難，不是難在計算先天的八個字，而是後天運數接軌後的抑揚落差。一命、二運透視了命運唇齒相依的關係，後天努力必受到先天條件的限制，這是毋庸置疑的。

以下是筆者認為一個負責任的命理師在擇日時應慎重考慮的問題，從而拿捏適當的平衡來取吉生產：

父母（或監護人）各方面心理與生理的先天條件。
父母（或監護人）後天行運的順逆。
父母（或監護人）在兒女出生後與其後二十年內的經濟條件。
父母（或監護人）對兒女於人生各範疇發展的取向。

很多人都誤解了替富貴人家子女選取的八字都一定要名成利就，更上層樓。白手興家而又能守業經年的人都知道個人能力與運氣之間的微妙關係，不明就裏的命理師只管一頭栽進去，拼命地往富貴追尋，誰不知平穩的八字對有豐富基礎的人才是最理想的選擇。因為他們已然贏在起跑線上，起點比別人高，即使平順，都是在高處平順。富貴的父母們反而最怕第二代擁有雄心壯志但又力有不逮，到頭來傾家蕩產、敗壞家業，弄致慘淡收場。

貧寒之家才需要為博得一朝風山水起、光宗耀祖而冒險選擇那些大傷大病的八字，壯士斷臂只為出人頭地也。（有關傷病八字的構成與影響，請參閱第41頁「有病方為貴，無傷不是奇」？）

任何命理師為人推命久了，心中都必然有一套斷命的標準，至於對錯好壞、強弱優劣，仁人智士自有明晰之見。

近年見互聯網上、玄學電視節目上，公開替人擇日的命理師多喜取表面上事業成功、富貴逼人而置其餘一切不顧的出生八字。假如這就是玄學術數一直追求的目標，實在一點都不難。

職業推算

——職業性向中的西瓜與芝麻。

很多命理師都認為，祿命及風水術只是小術小道，當中更不乏玄學界中德高望重者。

其實，只要你對歷史及世界文化有一定程度的認識，便會知道世界各強國如英、美、歐洲各國及日本等，自古至今都有各式各樣的風水佈局，而據一眾對神秘學有興趣的專業人士如考古學家研究，厭勝之術更曾於各地流行一時，而風靡台灣及為港人所熟悉的塔羅占卜、十二星座等命運預測術，在西方社會也是相當受歡迎。

科學的進步換來是環境的破壞、人心的虛妄，但卻受世人所追捧，大眾無不對新科技的誕生趨之若鶩。玄學的運用是設法將人與大自然共融，務求令雙方取得完善的發展，但這一種關乎生命的改善工程卻被人冠以「小術小道」之稱。

或許前輩們都希望每個人能自我提升，不應借助玄學幫忙引導，但為何時代進步了、科技更新了，我們仍要採用幾百年前甚至幾千年前的思想來教化自己？為何現在十三億人口都寫不出比《道德經》更有哲學價值的經典？為何到二〇一四年都不能結集一本比《論語》更有仁德意涵的教學典籍？

玄學術數用之於大道還是寓之於小術之用，完全出於個人所為。用牛刀來殺雞不等於牛刀只能殺雞。

不少習命者及執業命理師都喜用術數來推算命主從事何種職業，偶一中之，便歡天喜地，但筆者對此技法一直相當保留，因為只要理性地考慮一個問題就足夠了：世上相同命盤的人都在幹着相同的職業嗎？（批命局限的探討請參閱第56頁「相同命盤」）而最重要是，推算職業的意義不大。即使正確推算出命主的職業，這對命主有何實際啓示作用？難道你認為在職業項目的徵驗有助判別命局的身旺、身弱、用神、忌神？這無疑是大術小用。

有關職業的推算，古籍時有提及，妾命、娼命、奴婢、僧道、尼姑等，在古代都被評為賤命或低賤職業。筆者相信，絕大多數曾習祿命術的人都會對流落風塵的命格有濃厚興趣，而且大致都會認為從事該等職業的人必屬劣格，但有多少人真正接觸過娼命的命盤？甚至有注意過暗娼的存在？

何謂暗娼？她們同樣是倚靠天賦的身體條件換取男人的財資，藉以維持日常生活，只是這種不道德的交易主要在暗地裏進行，一般人難以察覺而已。

世上的暗娼必然為數不少，雖然相信以演藝圈中人士「兼職」居多，但「全職」為業的都肯定大有人在，這些也算是風塵中人嗎？

先不說其人是否在操賤業，這能算得上是職業嗎？她們會隨便告訴你華衣美食及豪宅名車的由來嗎？多少婕太太既富且貴，你敢說她們的命是劣格下品嗎？

賤命或從事賤業者的命格多屬偏枯及用神無力不顯，但你不能否定賤業中亦有富貴者。

現今社會的職業種類凡多，即使不計算那些偏門罕見的工種，一些恆常職業亦層出不窮。如何從命盤中區分出軟件工程師、鐵路技工、畜牧餵飼員或防治白蟻專員？

事實上，要將職業推算得細緻準確，很大程度上是需要依賴「觸機」協助的，這明顯已脫離八字的本職，這只是藉八字作為橋樑，將靈感具體化起來罷了。

但若然想從八字中找點樂趣，還是可以憑理性分析摸索出一個粗略的大方向。

原局八字的整體會表露出個性取向，雖然性格特質會在某程度上影響職業的選擇，但從事的職業很多時並不是個人的理想或興趣，所以要看職業性向，便要多加參考官殺立極後的景象。綜合觀察官殺的五行屬性、干支陰陽、干支特性、所處何柱、所臨的神煞特性，再環視四周的干支對官殺本體的干涉。

假若原局已先天缺乏某一或兩種五行，命主的職業便極可能與所缺的五行有關，但必須要注意，若大運已大量補充了該五行，在該大運內便很大機會另有所圖，最普遍的現象是不安於本職，或中途轉行，或兼職，或斷續。

由於官殺同時代表壓力，所以官殺太多、太旺或太少、太弱而遇上傷食的自由自主刺激時，都會容易轉換工作。在原局出現，無論主動或被動，一生都常變換工作，在歲運碰上，就會在該時段波動。

有些自稱能推算出命主職業的命理師，他們同時會為命主的職業仕途作出轉職指引。這裏就有一個矛盾又有趣的疑問，如果職業是命中注定的，那麼，命理師的轉職建議豈不是多餘又自打嘴巴？而這種後天的人為改變，事後能否同樣通過推算而測出命主曾作出此番轉變？

其實，推算命主出生在甚麼地方、有多少兄弟姊妹、父母是甚麼生肖等等，都有相類似的情況，不但充滿破綻，而且實用不足。

有些命理書舉及一些原局五行水多的命例時，就推論命主生於河邊或船上；木多者則出生於草樹成林的地方。這令人不禁懷疑，現在仍有那麼多人在醫院以外的地方出生嗎？還是醫院裏的環境有那麼像大自然？

命盤無疑透露着各樣信息，但以現在的社會情況來説，可能只是接生的醫生、護士或醫院的名字帶有某種五行而已，不過，這些又對知命起着甚麼作用呢？假如有人是在母親如廁時出生，世上其餘同秒出生者是否都會在相同的環境下誕生？請問在廁所出生的盤局結構是怎樣的呢？

如果以上種種推算都是純出自可以向後世流傳的八字技法，管它納音也好，單柱論命也好，當然值得習命者追求學習，但問題是當中懸疑的地方實在太多了，況且隨着時代或社會性質的轉變，都可以令結果出現嚴重落差。

作為負責任的命理師，為命主指導出最有利的職業性向已經大有幫助了，畢竟在職場上是否工作順利如意，始終以大運流年的向背為主。

你認為命理師將你的職業推算準確重要，還是將你的流年進退作出適當的指引重要？

花拳繡腿從來都是引人注目的，但李小龍卻成功將簡單直接的截拳道推到世界武林，因為他在熒幕上將拳腳發揮出了極致的快、狠、準。

在打出這種致命的威力之前，只有不斷地、反覆地、沉悶地鍛煉身體最原始的肌肉。

天干五合之仁、義、禮、智、信

——天干五合的另一重意義。

天干五合應建基於河圖之數，一六共宗，二七同道，三八為朋，四九為友，五十同途。

甲為一，乙為二，丙為三，丁為四，戊為五，己為六，庚為七，辛為八，壬為九，癸為十。

我們對這個十干次序已沒有懷疑。八字中與河圖相合之數基本一樣，但在河圖上合出之五行卻與八字有重大差別。

河圖：一六合水，二七合火，三八合木，四九合金，五十合土。

八字：一六合土，二七合金，三八合水，四九合木，五十合火。

雖數同源，但箇中的運作與應用卻出現重大分別。河圖是先天之數，重「體」

為主，各數在原局中的佈置帶有四正方位的含意，大多不取其變。相對河圖的「先天」，四柱八字則是「後天」之數，以「用」為要。

有說八字的十干化合出於天文，有說是研於地理，筆者非為考古而來，只好有待高明之士為我等釋疑。

木主仁，金主義，火主禮，水主智，土主信。（「主」的意思為主要意象，並非「等於」。以「木主仁」為例，說明了木的主要意象涵括了**仁與不仁**。）

五行分別象意五種最世俗的人性，原各有所主，但十天干的五種合化又重新演化出另一種仁、義、禮、智、信。

一．甲為陽木，己為陰土，甲己合化土，稱之為「信」合，又喻為中正之合。

土於五行十方居中，生育萬物不失偏頗，為之中正。

木天性原剋土，但於甲己的組合中，除非甲木得力，否則甲木剋己土之力相當薄弱，如遇火土旺相，更有很大的程度會被己土同化。

如甲己合土化得徹底，雖大大增強土神之力，但在另一方面亦同時削去木神之力。土主信，命局用土之時，主人誠信忠實，但亦只僅限於誠信忠實，因為甲己的合化令原本的木變為土，原局主「仁」的木由有變無，除非局中極度厭木，否則不論身旺弱，一般情況下都主不仁。

木剋土，但「信」亦能欺「仁」。君不見能成大商家者都必然懂得選擇性地對行業內外誠信忠實，因為失去信譽，是無法持續營商運作的。如只懂得單方面地以巧立名目的方式向民眾求財，始終難成巨富。

土為大地之母，養育眾生，廣義為先天財富。眾所皆知，為富者多不仁，全因動仁心則無法賺盡點滴也。

二・乙為陰木，庚為陽金，乙庚合，稱之為「義」合，又喻為仁義之合。

乙庚合是為仁義之合，只因木主仁、金主義，世人常將仁、義聯想在一起，難道義者必存仁？仁者必存義？常云重義者每多江湖兒女，難道眾義士皆為仁人？

陽金剋陰木，雖剋之有情，乙木亦難再有生存之餘地。跟甲己合同理，木性被合走，仁心自然跟着失去，而代表「義」的金則用上另一形式表達。

乙庚雖然合化金，庚金亦並不是無損的，庚金也會因此而變了質。乙庚的合化不是將乙木都變成庚金，而是演化出一種全新截然不同的金，否則直接將乙改寫成庚就可以了，這亦是《滴天髓》中庚金「輸於乙妹」的道理。

三・丙為陽火，辛為陰金，丙辛合化水，稱之為「智」合，又喻為威制之合。

丙為十干中之至陽，陰金被純陽之最的力量來剋，所以稱為威制之合。

丙辛合化水，水主智，所以亦稱「智」合。

丙火能剋制辛金之餘，亦同時受辛金羈絆減力，如催化的條件充足，會化成水。

丙火化為反制自己的官殺，辛金則化為洩氣最重的傷食。

火主禮，金主義，化了水，禮、義皆同失來換取智。

由合化而產生的「智」當然與原先屬水的壬、癸有質與量的分別，至於化出的智及所失的禮、義帶來的是好處還是壞處，就要視乎命局喜忌了。

丙火在暖局調候上有相當重要的作用，丙火被合會令全局溫度驟然下降。

如丙辛合而能化，會反過來化作最能剋火的水，這是天干五合中一個最極端的質變，亦是《滴天髓》中「欺霜侮雪，逢辛反怯」要帶出的道理。

四・丁為陰火，壬為陽水，丁壬合，稱之為「仁」合，又喻為淫慝之合。

五行上的水與智、淫有關，陽主動，陰主靜，水動則淫。火與禮、忍耐有關，陰靜則藏。丁壬交溝，所以稱為淫慝之合。

丁壬合化木，木主仁，故稱「仁」合。

壬水能剋丁火之餘，亦同時受丁火羈絆減力，如催化的條件充足，會化成木。

壬水化為自己所生的傷食，丁火則化為生助自己的印星。

禮、智的組合幻化出仁，這個合出來的「仁」卻被稱作淫慝之合，是這份「仁」帶淫慝？還是不成化的丁壬帶淫慝？古書沒有詳細解釋，而筆者認為兩者皆是。

仁與淫是沒有矛盾衝突的，要判斷淫慝之性，當然要同時兼看丁、壬及水、木、火三行在命局中所對應的十神，並要了解該十神中情愛意涵的成分有多重。

五‧戊為陽土，癸為陰水，戊癸合化火，稱之為「禮」合，又喻為無情之合。

書云：戊癸合，為老陽配少陰，為老夫配少婦或老婦配少夫的組合，合亦無情，所以便稱其為無情之合。

戊癸合化火，火主禮，故稱「禮」合。

老少配一定無情？難道年齡相近才能生出真感情？

戊、己實為五行中的平衡之氣，只是戊屬陽而已，何以能奪丙丁火之位成老陽矣？

筆者試以個人感悟留下一點陋見寡得與讀者分享——土主沉實忠厚，五行中只有土最缺乏感性的一面，也最不善於將情感抒發，所以甲己合才被稱為中正之合，因中正則不能情傾一方也。而戊癸合中的戊土將多情的癸水合而去之，將情止於「禮」，相信這就是無情之合所蘊含的意義。

戊土能剋癸水，但癸水亦同時減去戊土之力，如催化的條件充足，會化成火。

戊土化為生助自己的印星，癸水則化為自己所剋的財星。

信與智的合，化出禮，有禮而無情，是大都會中人與人交往關係的縮影。

癸水能為八字盤局溫和地降溫，與丙火的作用恰好相反。癸水被合令全局溫度驟然提升，如戊癸合而能化，更會化作進一步令溫度上升的火，這是戊癸合與丙辛合相互平衡的特點。

四墓庫與華蓋

——辰、戌、丑、未的多重涵意。

四墓庫

墓庫者，土也。四墓庫即為辰、戌、丑、未四季土，各分佈於春夏秋冬四季之間，作為四季交替時的緩衝區。既置於四季將盡之時，所以又有收藏貯納之意，將一季之氣收於自然。

無論三合局或三會局都必含墓庫，將四驛馬與四桃花之氣予以穩定，讓合局有停放、保存之空間。

四墓庫一直讓人迷惑，迷惑的不單是墓或庫定義的本身，更多是來自其多重身份的變幻。辰、戌、丑、未除了擁有本體的土五行屬性外，它們還時刻在隱蔽處支援與打擊其他五行，有時暗送秋波，有時暗箭傷人。

有命理學者要將墓庫分得清楚，無氣者為墓，有氣者為庫。認為入庫可用，而入墓者盡是衰弱敗壞。

庫，即為倉庫，收納在倉庫之內的物品當然有用，只待時而用。至於墓，大致如壙墓，其內藏之氣俱亡，已不堪為用。那應如何分辨墓庫的「有氣」或「無氣」？

今見大多以深藏的餘氣是否透干為標準，能透干者即視為有氣，如辰見壬癸、未見甲乙、戌見丙丁、丑見庚辛。另又有更嚴格的劃分，有些要兼看月令，有些要鑑定透干者在局中的強弱再下判斷，有些則以是否有合局或沖局作界線。

而筆者則慣於將墓庫混為一談，即墓為庫，庫亦為墓。個人認為，辰、戌、丑、未會同時展現墓及庫的特性，只是它們會因應盤局的狀況而有所消長而已。

如你一直只以十神的生剋來推算命盤，你會難以理解辰、戌、丑、未的涵括性，你甚至會認為筆者在簡單複雜化。但如你一直在身旺與身弱及用神與忌神的取用上缺乏掌握，了解辰、戌、丑、未的特性將會對你無往而不利。

一・辰表象為陽土，時序為三月，方向為東南。又為「天羅地網」中的天羅（有一說辰為地網）。

先為天羅地網作簡易解述，這是了解辰、戌最好的捷徑——天羅地網在命理界的學術層面上沒有太詳細的論述，主要喻其有晦暗困頓之意，反而在道法界則視此為一大惡煞，認為凡碰上天羅地網運，輕則有志難伸，重則凶險萬分，所以設有專門破解天羅地網運的法事。

天羅地網為神煞中的天乙貴人不臨之地。天乙貴人在眾神煞裏面佔極重要的地位，在紫微斗數裏，是強而有力的輔曜，是主宰貴人及機遇的天魁和天鉞；而在六壬數裏，甚至影響排盤的順逆；但在八字理論中，竟然被很多人視作可有可無。

命理界普遍以自然現象去解釋天乙貴人不臨辰、戌的原因，而筆者個人對天乙貴人的感受是認為其體性偏向陰柔，辰、戌又為魁罡之地，相信某程度是因為魁罡的孤傲剛烈不利及不喜天乙貴人的發揮。

辰中藏戊、乙、癸，內有癸水，是為濕土，又為水庫。

◎ 水庫為貯水的地方，土雖本性剋水，但辰土卻能為壬、癸水提供貯立之地。

◎土中有水有木，又為春末之時，所以辰土是在所有干支之中，最能為木神提供合適的溫度與環境，對養木有重大之功。

◎《滴天髓》云「火熾乘龍」，辰土具有龐大的晦火之力，它不需像水神一樣，強行與火神互相比拼，它能巧妙地將火力洩去，所以不會出現「反激火旺」的五行反生剋作用。

◎土生金原為天性，但只有濕土才最有力生金。辰土的生金之力僅次於丑土。

二・戌表象為陽土，時序為九月，方向為西北。又為「天羅地網」中的地網（有一說戌為天羅）。

戌中藏戊、辛、丁，是為乾土中的燥土，又為火庫。燥是乾燥的意思，內藏的辛金受丁火相制不能生水，又時為秋季，當然風乾物燥。

◎火庫存火，既能將火收存，又能將火釋放，可作丙、丁的輕根。

◎不論庚金或辛金都不喜過寒或過熱，戊土有暖金及暖局的作用。

◎戌土以戊為主，又既乾且燥，所以在眾土之中最能止水。

◎戌土內無一物利於木神生存，加上秋天肅殺之氣，對木神傷害極大。

三・丑表象為陰土，時序為十二月，方向為東北。

丑中藏己、癸、辛，是為濕土中的寒土，又為金庫。丑被喻為寒冰雪地，萬物不生，但在所有干支之中，卻最能生金。

◎金庫存金，土性又偏向生金，所以金庫的性質穩定而堅實。既為金庫，自當有將金神收放的能力，能為庚、辛作輕根。

◎丑中藏金、水，是繼辰土之後，另一能晦火的土神。

◎丑雖盛水可生木，但寒冬之時，木神盤屈在地，又有辛金相制使其不能生發。

◎丑土的整體結構無固土特質，止水之力為眾土中最弱。

四・未表象為陰土，時序為六月，方向為西南。

未中藏己、丁、乙，是為乾土中的熱土，又為木庫。土中藏木、火，又為夏末之時，一片木生火、火生土之象，所以土性旺烈。

◎木庫讓甲、乙植根，給予其收蓄與生發之機。

◎土雖本性生金，但未土火旺，內熱而乾，實無甚生金之力。未土脆金的同時，即使金從土生，金亦質脆。

◎未土為眾土中溫度最高的，雖不直接助火，但有暖局之功。

◎未土雖旺烈，但本氣為己土，止水之力當不及剛陽的戌土。

很多習八字者，甚至一些著書立說的執業者常常將辰、丑捆成一組，戌、未分到另外一組，對「燥」字的理解及應用與「熱」字無異，「寒」與「濕」又分不開，每逢見局中火、土稍多就說火炎土燥，無視其他干支的存在。

若能將意義簡略如此，干支的原創者就不用將地支中的土神分成四種，支中藏干更不用煞有介事地各有不同。

有謂五術同源，近代命相之士喜以中醫之理來助威攝眾，那麼，驅寒、祛濕、潤燥、解熱能否理解為同一種治療法？

無論原局或是大運流年與辰、戌、丑、未相逢，即使在沒有合或沖的情況下，也不一定可以被視為全喜或全忌。

舉一個簡單的例子——

夏天出生的身弱甲木，辰土雖為偏財，但實際上亦可權衡為用，如甲木無真根，辰土便成了提高整個格局的關鍵；而在運用上絕不應拆開支中藏干戊、乙、癸為三份，濕土就是濕土，這個土就是有水有木，可養木，可作輕根，可晦火。

辰、戌、丑、未的特性各有所專，並非只有燥與濕或乾與濕的分別。了解寒、濕、燥、熱的箇中變化及墓庫間相互沖刑的關係，是踏入另一重命學境界不得不走的獨木橋。

華蓋

華蓋是較多人認識的八字神煞，四墓庫又為華蓋專屬的棲宿之地。

華蓋為物象時，是皇帝出巡時座駕上如傘形的遮陽寶蓋。有資格為皇帝頭頂遮光，當非凡品，所以華蓋帶有一生近貴、被世人所尊崇的意涵。

《三命通會》：「人命得華蓋，多主孤寡，縱貴亦不免孤獨作僧道。」

《燭神經》：「華蓋為庇蔭清神，主人曠達神清，性情恬淡寡欲，一生不利財物，惟與夾貴並則為福，清貴特達。」

《通明賦》：「華蓋臨身，定為方外之人，留心於蓮社蘭台，容膝於蒲團竹偈。」

《壺中子》：「華蓋為藝術星。」

以上都是古今命理書經常借以引用來形容華蓋的聰慧、孤寡、清貴和喜藝術的特性。

「孤寡」一詞，常被人聯想為難有合意的終身伴侶或不理想的婚姻生活、性格古怪、不合群體活動，一般被理解為帶有貶意性質的形容詞。

不過，華蓋的情況則較為特殊，它的孤寡來自於出世的智慧，性近哲學，甚少

有大是大非的理論。由於土在五行居中，華蓋的立身處世應該算是最近乎真正的中庸之道。

但世俗的理念偏卻自以為中庸，實質歪倒傾斜，不是偏左，就是偏右。以歪看正，正亦歪也。因此，被人覺得古怪奇異的反而是命帶華蓋的人，加上華蓋偏好獨樂，所以孤寡才由此而生。

華蓋思想脱俗，所主的才藝極為個人化，所以不合群體創作。但亦由於這份「孤寡」，更能觸發其獨到的個人見解，如原局配合得當及歲運相就，往往能在藝術上創造超凡成就。

不知是巧合還是早有安排，主孤寡的天羅地網、魁罡、華蓋偏偏一同落在墓庫之上，這點確是值得細味思索。

雖孤寡的性質各有緣由，但同屬土性，所以均好神秘學，皆容易有宗教信仰。

土生萬物，亦主包容收納，華蓋選擇只出現在四墓庫上，相信是因為四墓庫的包羅萬象，所以判斷華蓋素質的一大指標就是要看其能否收放自如。

用得上強旺的華蓋，或許較天醫星更適合在五術路上發展。

神煞的運用一直被書卷派認為是旁支，流於江湖，因為神煞的編制另有規律，即使不懂五行生剋，只管背誦神煞的詩歌口訣，亦能憑此推算而偶得奇驗。

依靠神煞所作出的推算多以震懾客户為主，例如推算出何時家中出現斂葬白事、何時被小人在背後流言蜚語、何時遺失財物等等。雖然大多是微不足道的小事，但的確能讓人目眩神迷。

必須一提的是，單憑神煞推命是無法準確分辨命主個人本體與運程的吉凶，神煞的徵驗更多是反映着干支不同體性中程度上的深淺。

神煞的準確率不高，一直為人所詬病，雖然操作方法看似雜亂無章，但要掃除斷命上的盲點，神煞無疑是擴闊視野的最佳輔助工具。

架上神煞的廣角鏡，更豐富多元的命理世界便會呈現眼前。

第二部分

命例詳析

他是希特拉

——詳細分析希特拉命造。

在學習命理的過程中，我們時常會碰到一些偉人名士的命盤；但命理行業遇到的客人卻大多只是平常民眾。很多命理書作者在缺乏有力的生辰資料情況下，總是喜歡舉一些他們一生都接觸不到的命例，而且作者都好像特別樂意描述偉人如何偉大，闡釋命局結構如何奇偉，所以促使偉人建立偉大的功業。

中國文字所到之處的人普遍信命，所以不會隨便將自己真正的生辰八字告訴他人，一來認為心術不正的術師可以依其八字進行非分行為，二來亦不希望有其他人掌握自己的命運。

如果香港首富或是某國家領導找你算命，你會公開嗎？你可以公開嗎？你敢公開嗎？

筆者曾為某些非常富有、在其業界非常知名的人算過命，亦曾為一些頗具知名度的公司勘察過風水，幾乎全部都有保密協議，雖然大部分只是口頭承諾，但亦有要求要在白紙黑字上簽名作實。他們都要求筆者不可公開或與他人談及他們自身的八字或曾僱用風水服務，這是一般人不會刻意要求的附加條件。愈是富貴的人，往往對命理愈是深信和避忌，筆者雖是一介窮儒，亦深明此理，所以從未對旁人提及他們的身份與有關內容。

因此，每當筆者閱讀到中港名人明星的命例，特別是年齡稍長者，都會特別警覺，他們的出生日不單可能是虛構的，出生年份也可能是虛構的，甚至兩者皆是，更何況是最容易出錯的時辰。

當在八字書中遇上了你認為作者拆解得不合理的命盤時，有時只要推前或移後一個時辰，便會發現較適合的解釋，但如果仍然未有滿意的答案，而命主又有充分的事迹可供印證時，認真的習命者便應查考作者建立命盤的根據。

希特拉（Adolf Hitler，一八八九年四月二十日——一九四五年四月三十日）顛覆德國，令世界陷入二次大戰，是創造歷史的奧地利裔德國政治人物。

希特拉一生傳奇，他的歷史事迹不難翻查，而且多註以年份，容易印證。他的命盤無論在互聯網上或坊間的術數書本亦時有提及，但以流年分析對應其人一生大小事情發展者則不多見。不單希特拉的例子有此情況，眾多名士偉人亦如是，一個命盤，幾句撮要，偉人偉大，多謝欣賞。

斷流年為祿命之術的終極課題，是命理師功力深淺的見證，學命理無以斷流年等於踢足球不懂射門入球，任你腳法再好亦不能勝出球賽。

坊間所傳的希特拉出生時辰多為下午六時三十分。起出命盤如下：

		日元	
己	戊	丙	丁
丑	辰	寅	酉

此造多以身弱論，有前輩認為是用丁火來生食傷；有些卻以寅木為用，取其傷食配印；也有桃李滿門的命學前輩索性斷此造為身旺用食傷，其理據是辰土秉令，生日已過穀雨，夏火將至，丙火可由弱轉旺來任起食傷。

但無論以哪一神為用，都很難讓人認同這是能夠改變世界的八字。

筆者一直懷疑，希特拉的出生故事本已疑點重重（一說其為猶太人與女傭的私生子），坊間命理師如何得其真正生辰？

考究其出生時間的來源，實出自西方星相書籍，原來亦是憑事推敲也。筆者認為，即使對於歷史紀實內的資料紀錄亦應有所保留，更何況只是著述作者個人立場的星相書籍？這是治學的最基本態度，如果只懂盲目跟着權威的尾巴走，你總有機會令舌頭受苦。

以下是關於希特拉已公開的一些身體狀況與個人專長：

◎有牙齒及鼻敏感的問題。

◎律己甚嚴，得知吸煙有害身體後，從此戒煙及少沾烈酒，其餘飲食亦相當節制，十分注重健康。

◎具出色的演說技巧。

以上的「出色的演說技巧」經常成為論命的焦點，坊間一貫的看法是，不論取哪一神為用，都要設法將局中的食傷解說成天生固有的優點，視其為命局的正面助益。

為甚麼一定要將所有的優點、缺點都歸於原局沒有動態的八個字？

他可以，因為他不是別人，他是希特拉！

而別人，都因為希特拉的名字，將不符合的一切強行合理化了。

筆者嘗試以不智之才為大家多提供一個看法，相信你會看見不一樣的希特拉。

演說技巧不一定是與生俱來的，更多的是來自後天的鍛煉。據其種種個人特質，在事業顯赫之時仍能律己，必不是原局食傷暢旺又以食傷為用，而酉時更是傷官傷盡，如任起食傷定必放浪不羈、喜惡隨心，絕非從政成功之士。

食傷應為局中之大病，年月全柱為忌復加食傷秉令，出生貧賤實可稽考。至於牙齒、鼻敏感的問題，明顯是與金神有關。

個人經驗所得，極品富貴的人，原局定必有迹可尋，而且佈局之巧妙往往重重關扣。如只單憑大運助起，是無法位極人臣的，此之所以希特拉的命造如取癸巳時生則更見合理。

命盤如下：

乾造：

正官	日元	食神	傷官
癸	丙	戊	己
巳	寅	辰	丑
丙 比肩	甲 偏印	戊 食神	己 傷官
戊 食神	丙 比肩	乙 正印	癸 正官
庚 偏財	戊 食神	癸 正官	辛 正財

大運：

1894	1904	1914	1924	1934
6歲	16歲	26歲	36歲	46歲
丁 劫財	丙 比肩	乙 正印	甲 偏印	癸 正官
卯 正印	寅 偏印、比肩、食神	丑 傷官、正官、正財	子 正官	亥 七殺、偏印

辰土雖仍為春月，但天性晦火，加上食傷比官殺更耗洩日元之氣，此日取任何時辰皆為身弱。察其大局，局中身弱以食傷為大病，應以坐下寅木生身破土為真用。甲午時亦曾為考慮之列，但視其大運丁卯、丙寅，屬少年順境，有違實況。

取癸巳時的原因如下：

一・寅木生於辰月且無金制，寅木旺相有力。

乾造：

己	戊	丙（日元）	癸
丑	辰	寅	巳

大運：

1894	1904	1914	1924	1934
丁卯	丙寅	乙丑	甲子	癸亥

二・辰為水庫，癸水有根，官星有力。

三・丙日主本已主貴，有癸水出干調候，再大大提高格局貴氣。

四・丙火得祿於巳火，又得寅木生，丙火根重有力。

五・命中無金，自然對金主管的意象有所追求，激發他去改革創新，給他淋漓盡致地發揮狠勁與果斷。

六・妻宮寅巳刑。命中主要的三個女人，有兩個自殺成功。單是「刑」當然沒有如此威力，但卻加強了妻宮不穩的信息，而且寅巳刑隱含的破壞力在刑局當中更是數一數二。

命中四種五行中有三種都極為有力，只是癸水略弱。命局以偏印為用，成熟老練，多奇謀奇想，思想絕不大同。個性表面對人友善，但又不喜為人所親近。

身弱有重根的命都不甘為人下，能抵得住考驗，受得住壓力，有自我一套的價值觀，且立論精闢。

丙日主的天然特性加上有巳火重根，在心理上必然希望人生有所作為，而且是要廣大的、涉及民眾的、傾向社會性的，所以亦曾立志成為牧師。

若能從大運中得「藥」旺起自身任起食傷，就可將食傷的優點展露無遺。由於官星同時不弱，更可集權貴與名貴於一身。（有關病藥論，請參考第41頁「有病方為貴，無傷不是奇」？）

其餘點滴，都不為人知，以命論命，雖只流於片面，但亦全非無稽。

傷食旺相秉令又只現偏印，是父母不全之象，為人養子絕不為奇。

坐下寅辰拱局，木局力量比單一寅木更強，木神為印星，又藏支不透，主得強力暗貴人之助。

妻星入墓不現，妻宮為用，金神為忌而無金，妻弱但得妻之助。

有關牙齒及鼻敏感都是金五行管理的範圍，命局無金明透，不會是天生的病患，但只要遇上火金交戰的大運、流年，而剛巧造成弱金遇強火，就會促成問題的發生，開首的兩個大運已足夠提供這樣的環境。

乾造：

己	戊	丙（日元）	癸
丑	辰	寅	巳

大運：

1894	1904	1914	1924	1934
丁卯	丙寅	乙丑	甲子	癸亥

大運先走丁卯、丙寅：

◎童年不快，曾受學校同學欺凌、虐待。

◎讀書不成，未畢業便退學。

◎父母離世後，於街頭行乞，以賣畫維生。

這是讓最多人百思不解的地方，某些有二三十年經驗的老師父都要止足於此。如你同樣解不通，那「身旺要剋洩，身弱要生扶」的枷鎖肯定已將你重重捆起。

此局的關鍵是喜木不喜火，不喜火的原因是礙於生起旺土；另一方面，由於身弱的關係，作為根基的火雖不宜再多，但亦不能去。

原局病在食傷，再多的火都只會去生食傷，遇寅卯木本是得大藥，但問題就在於大運的丙丁火進入命局後形成一片旺火，為木剋土通關，洩木生土去了。

地支寅卯木肯定曾為他帶來助益，但由於食傷為忌，最後只會換來無限的失落與痛苦，精神上必然受到重大打擊。

大運乙丑：

此運正式參軍，在前線擔任士兵。大運透出印星直接剋土，木神力量突然強大，硬生生走上木土大戰的舞台。誰勝誰敗，決於流年。

＊一九一六流年丙辰：大腿或腹股溝受傷。

先有大運地支丑土晦火助土，再遇流年辰土加倍晦火助土之力，不單晦局中的火，流年天干的丙火亦大受影響。但寅木真用根基無傷，所以只是帶來小傷。

＊一九一七流年丁巳：由傳令兵晉升為上等兵，並因英勇作戰獲授予士兵和士官階層中相當稀少的「一級鐵十字勳章」。

來到這裏，相信有不少人會提出質疑，同樣是木火大運流年，為甚麼丁卯、丙寅運會是潦倒不堪，但至乙丑運丁巳年卻可春風得意？

其實分別在於乙丑大運是木神透干，先行牽動起局中木神將土神壓制，而再來的流年火神作用是旺起自身去任起食傷。另外，大運地支丑土到底有晦火之功，火神在受到大環境抑制下不會過於旺烈。

乾造：

	己丑
	戊辰
日元	丙寅
	癸巳

大運：

1894	丁卯
1904	丙寅
1914	乙丑
1924	甲子
1934	癸亥

這年木、火、土巧妙相遇而合力制馭過旺的土神食傷，所以只能換來名貴，權力未見因此而有大躍升。（有關土神的論述，請參閱第83頁「四墓庫與華蓋」）

但旺火終歸會生土，年內必有不如意事發生，可惜查無記載。（更多大運流年的交叉關係，請參閱第38頁「運為君，歲為臣」？「歲為君，運為臣」？）

＊一九一八流年戊午：遭芥子氣攻擊而短暫失明。

流年戊土與時干癸水合火，日支寅木遇午火來合以致失去剋土之用，原局剩下一片火生土，傷及要害，但由於大運乙木無損，丑土晦火，又未到命中限運，養傷後回復正常。

＊一九二一流年辛酉：出任「民族社會主義德國工人黨」黨魁，即其後的納粹黨。

這是一個與原局及大運拼湊出極多合化的流年。原局因流年的切入大大改變了五行的旺衰，火、土變弱，金、水同時轉旺，形成土、金、水連環相生。

水神一旦旺起，大運的乙木及原局的寅木就大大避免了流年金神的直接剋害，與此同時，更啓動了官印相生的效應，加位升官絕對符合命理。（更多相關原理，請參閱第131頁「合化論」）

大運甲子：

此運已成黨中領導，正式踏入政界。任內多次公開演説，人氣勢如破竹，名聲之大為前所未有，儼然已成為舉國知名的人物。

甲子與乙丑運最大的分別是加強了木土大戰之餘（甲木既引出局中木神，亦與年干己合），亦為官星癸水補了強而有力的重根。

＊一九二四流年甲子：政變失敗被捕，被判五年有期徒刑，但服刑不足一年便告獲釋，而且審判過程中，希特拉的演講反令他人氣更上一層樓。

甲子年再進一步加強了水、木、土三行的角力；而流月則促成局中五行流轉的關鍵。

丁卯月判刑，丙子月釋放。此兩月皆會令流年甲木合年干己土之力而使其有所鬆懈，但一火旺、一火弱（通木土之關）卻造成天差地別。

乾造：

	年	月	日元	時
天干	己	戊	丙	癸
地支	丑	辰	寅	巳

大運：

1894	1904	1914	1924	1934
丁卯	丙寅	乙丑	甲子	癸亥

＊一九三三流年壬申（一月三十日仍屬壬申年）：宣誓成為德國總理。

官殺因流年申子辰三合水局進一步加強，官殺、印星兩旺大利升遷，但申金始終沖寅木，年內難免震盪。

希特拉於壬申年內競選總統失敗後，再幾經波折才能成為總理。

大運癸亥：

任德國元首兼總理，為武裝力量最高統帥，是為第二次世界大戰的始作俑者。

大運全柱官殺，氣勢一時無兩，但由於官殺剋身，流年必須見強木支撐才顯官殺之功。

大運天干癸水合住原局戊土令忌神戊土減力，同時在化火與不化火中擺動。地支亥水既羈絆了用神寅木，又沖巳火而令命局第二根基受創。

＊一九三四流年甲戌：前總統病逝，希特拉接任為新一任國家元首。

甲木透干令寅亥的合化徹底，但辰戌沖，旺起了土神與水木大戰。

希特拉接任總統亦非順理成章，他是運用了自己的政治影響力，在未取得公民認可下使用極權手段奪位成功的。

＊一九三六流年丙子：進軍萊茵河非軍事區。

流年丙火促使原局的戊土與大運的癸水多化一重火；此外，子水合出了亥子丑水局加強了官殺的力量。

水、火俱旺，「水盪騎虎」，以一點寅木作為橋樑，利用強起的比劫之力駕起官殺，舒展權力，揭開軍事擴張、武力侵略各國的序幕。

＊一九三八流年戊寅：併吞奧地利。

地支直接走用神之年，此年原局官殺之力因合化而大為減弱，但印星之力增強。

流年戊土與大運及原局的癸水以地支巳火為引，多化兩重火。寅木則合住大運亥水，自己同時亦起着化官殺、制食傷、生比劫的作用。

乾造：

日元			
癸	丙	戊	己
巳	寅	辰	丑

大運：

1934	1924	1914	1904	1894
癸亥	甲子	乙丑	丙寅	丁卯

＊**一九三九流年己卯：**侵佔捷克、波蘭。雖然英、法兩國對德宣戰，但沒有大規模軍事行動。大部分史學家將此年定為第二次世界大戰的開端。

同樣是地支直接走用神之年，但卯木卻能合出寅卯辰木局，一方面加強了印星化官殺生身的力量，同時亦更有力制約食傷，使官殺的力量進一步解放。

＊**一九四〇流年庚辰：**佔領丹麥、挪威、荷蘭、盧森堡、比利時，並攻下法國；但最重要的盟友意大利在另一戰線受到重創，影響德國接下來的軍事部署。

庚辰既加強了水、土之力，又解決了水土互戰的問題，所以表面上重重得益。

但原局寅木始終受大運亥水合住難再生火，辰土又晦火，因此以比劫為意象的盟軍因不敵剋洩而戰敗。

據此推斷，天干雖除外病，但地支火力受困制，希特拉本人在心理上應大受打擊。

＊**一九四一流年辛巳：**出兵支援意大利，雖成功逼退同盟國軍隊，攻佔希臘，但同

時亦在另一戰線受襲，損失不輕。另外進軍蘇聯，在接近成功的一刻卻功敗垂成。

此為合化沖剋強烈的一年。丙火日元受辛金羈絆，同時得大運癸亥之助多化了一重官殺。

流年巳火為丙火日元補了一道重根之餘，另與大運亥水相沖，使全局五行混戰，最後勝負見於流月。（此年所涉的進退之事及牽連的月份甚多，有興趣的讀者可翻查歷史再行摸索。）

＊一九四二流年壬午：德軍在史太林格勒戰役慘敗，二十二個軍團被殲滅，士氣嚴重受挫。

午火合化了寅木用神，但畢竟仍有強火作根，硬接沖擊，未致完全傾倒。

＊一九四三流年癸未：重要盟友墨索里尼（Benito Mussolini）倒台，德軍在各處原先順利的戰事遭受反擊，戰事逆轉。

運內化洩官殺之力已然不足，流年癸水雖受合於戊土及自坐未土大大減力，但得大運癸亥之助下，令日主與火神元氣大傷。

乾造：

己	戊	丙（日元）	癸
丑	辰	寅	巳

大運：

1894	1904	1914	1924	1934
丁卯	丙寅	乙丑	甲子	癸亥

癸未年與戊寅年雖同時能通過時支巳火引化出多一重火，但由於流年的癸與戊在本質上的不同，所化出的質量自然亦有所分別。

未土亦與原局丑土相沖而激旺起了土神反制官殺，形成水土大戰，剋洩交加。

大運壬戌：

江河直下，德軍節節敗退。希特拉自殺殉國，二次世界大戰結束。

壬水原亦有助局中官殺之力，但因坐戌土而無力，而且戌土與原局辰土相沖旺起了土神。由於辰土受沖，亦斷了壬癸水的根。

此運明顯土旺水弱，水弱受制，用神木便失去緩衝，遇沖剋時更形凶險。

＊一九四四流年甲申：遭刺殺，雖不致喪命，但神經和聽力受傷害，從此身體每況愈下。

甲雖剋土，但自坐申金之餘又合己土被化無力。

傷害最深的是寅木直接受申金所沖，但申金得到時支巳火所合，多化了一重水，洩弱了金剋木之力。

＊一九四五流年乙酉：蘇聯攻入柏林市區。希特拉以自殺的方式結束了其傳奇的一生。

雖同是金木流年，但跟甲申年有以下幾點關鍵性的分別：

一・酉金來合，成巳酉丑三合金局制木。

二・巳火被合去，巳火由支撐自己的祿位變成破壞用神的金。

三・丑土被合去，減弱了丑土本身土性的力量。

四・辰酉合羈絆了辰土，減弱了辰土本身土性的力量。

綜合各點，身處的壬戌運已先令全局的土神加倍壯旺，縱然原局的丑、辰被流年酉金減弱了土的力量，但遠不足以令其失去滅水之力。

流年乙木本已受坐下酉金所剋，原局的水神又無力通關，孤處的寅木再沒能力

乾造：

己	戊	丙（日元）	癸
丑	辰	寅	巳

大運：

1894	1904	1914	1924	1934
丁卯	丙寅	乙丑	甲子	癸亥

抗衡金局，加上巳火倒戈，亦為限運所在。在庚辰月己巳日，天干乙庚合，庚金合去已成敗柳的乙木，地支再合出多重金局，天地互相助化，適逢土氣又大旺，最後日主難抵耗洩而破局身亡。

有人稱希特拉為「希魔」，意指他殺人者眾及手段殘忍，其中有關集中營及猶太人大屠殺的事件一直為人所詬病。他的成長由被人欺負的弱者到任意踐踏他人生命的極權統治者，逐步由至弱走上至強。

個人「命」與「運」的交融，編織了他波瀾壯闊的一生。

希特拉政治生涯的最大轉捩點是一九二九年至一九三三年之間的全球經濟大蕭條，當時民眾對改變革新的急切渴求為他鋪下登上舞台的紅地毯，讓他手握最頂尖的權柄，隨其任意揮舞於政閣與軍營之內。

眾人「命」與「運」的縱橫交錯，集體締結了令世界陷入絕望恐慌的戰爭。

一個成功者不可能單憑孤身走我路而能打遍天下，在很多人來看，事業成敗等於人生起落。

命理家一直極其執著於成功命格的推算，不斷尋找人生致勝的密碼，但何謂真正的成功呢？

與希特拉相同命盤的人何止萬千，但希特拉只有一個。

他激情的演講每令國民熱血沸騰，他的理想令無數人傾身送命，他曾為國家帶來輝煌燦爛的一刻，他亦是絕望黑暗的製造者。

準備擇日產子的父母們，你盼望你的新生孩兒有能力重演一個被喻為二十世紀其中一個最偉大的成功人物的一生嗎？筆者已不止一次看見命理師依此種「成功法則」去為準父母擇日取吉生產。

德國與日本都是二次世界大戰的戰敗國，兩國佔地面積不廣，人口不多，但現在分別是歐洲與亞洲中排在頂尖行列的強國，而且在眾多方面更是世界首屈一指。如你曾細心遊覽兩地，或許能在某程度上了解到為何日耳曼與大和民族的驕傲能夠遍及全球。

今日的小人可能是他日的貴人，最親密的朋友可能是最要命的敵人。

原局的忌神有時亦可助你邁向光輝，想當然的用神或許就是促使破局的元兇。若你一直走不出用神、忌神的胡同，希望本文能為你作引路之用。

還有一個頗為值得玩味的地方，納粹黨徽正好是反方向的佛教圖騰。沒有魔鬼，不會見得天使的可愛。

性格改變命運？命運改變性格？

——命運與性格的主次影響，透過分析實例去了解俗世對性格優缺點的偏狹。

極大部分的命理師在遇上自己認為性格有缺憾的命盤時，都會勸喻命主改變性格，筆者不知道命理師們是否真的認為命運會因性格改變而改變，但筆者相信他們都應該是出於善意的。

如果命運是由性格構成的，改變性格無疑是改變命運的最有效方法。但命盤是固定的，如果性格在將來真的受某些誘因改變了，擁有相同命盤的人是否可以在同一時段有着截然不同的性格？如果可以，豈非曲線證明了祿命術在推算上充滿自相矛盾的地方？

歷史上多少失敗者都被認為是因為性格上的嚴重缺憾以致遭遇痛苦與挫折。但性格如利劍，一鋒兩刃，同樣因為這些性格上的嚴重缺憾，成就了眾多偉人名士；如果改變了這些所謂的缺憾，他們還能獨當一面嗎？

你有否聽過命理師批説某人在某運某年中能得巨獎發財致富，主要是因為他有着某種極優良的性格？如果性格真能改變命運，那應該如何改變？向哪一個方向改變？改變到哪一個程度方為合適？有沒有指標可以參考？

還有——

怎樣的性格可以發財？

怎樣的性格可以升官？

怎樣的性格可以獲得好丈夫或好妻子？

怎樣的性格可以獲得好兒女？

怎樣的性格可以活得久一點？

怎樣的性格可以少一點病痛？

怎樣的性格可以避開意外？

「發財」的特有性格會不會和「活得久一點」的特有性格發生衝突？

如果性格能夠改變命運，以上的問題理應成為社會上最關心的焦點，而且問題的種類誓必無休止地延伸下去——

誰的性格是標準答案？

誰能夠提供標準答案？

批判他人總是容易的。**諷刺的是，懂算命的會勸喻你改變本身性格，但卻不是依據你在命盤上展示的性格特點來判斷你的人生順逆。**

改變性格真的可以扭轉命運嗎？是命運引導你去改變性格？還是改變了的性格經營出不一樣的命運？

有些人的確是在改變性格後從此改變了人生，但他們的性格為甚麼會改變？

民間智慧提示：「三歲定八十」。我們都知道品性難移，性格只會隨着個人的見地、學識、生活環境、親人朋友的變化而出現微調，而不會平白無故突然大幅轉向的。今天還豪放狂野，明天會徹頭徹尾變得斯文保守嗎？

性格不可能完全不受外在因素影響刺激而改變，即使只是一個念頭的產生，也是由於過去眾多因素的集成，為傾斜的天秤最終加上決定性的砝碼。

歌唱技巧最好、樣子最漂亮的歌手未必是最受歡迎的。才華欠奉、技巧欠佳的歌手卻有時可以紅透半邊天。

琅琅上口的歌曲不一定是旋律優美、歌詞饒富意味；被譽為出自音樂天才之手的古典音樂卻只有一小撮人懂得欣賞。

有些人、有些歌就是可以流行起來，有說是經理人及唱片公司的功勞所致，有說是歌手的觀眾緣，這種受到特別關懷的際遇和無法捉摸的觀眾緣，性格能夠解釋得上嗎？

我們已不止一次聽到國際天皇巨星們的古怪行為和性格，例如極度潔癖、極度冷血、極度自我、極度野蠻霸道、戀童癖、吸食毒品等，但部分人甚至已經認同真正的天皇巨星就是要有部分這類「特性」才顯得與眾不同。

你認為是這類型的性格和行為造就天皇巨星嗎？你可以試跟着做，說不定你就是下一位天皇巨星，筆者在此祝福您。

際遇改變性格，性格改變命運。

兜兜轉轉，際遇不就是命運嗎？

我們看到的「結果」不一定都是來自我們假設的，未有足夠智慧洞悉因果時，是否有必要強行將一切解釋成正面看待萬事萬物的結果？

以下的命主雖已年邁，但記性相當好，而且非常健談。他多番着意解釋如果不是自己年輕時嗜賭，他今天或許能活得十分富泰。因為他在七十年代時的每月工資已經有一千五百美元，他憶述當年香港較便宜的樓房都只是大概五千美元，普通的房車才五百美元。說來感慨，他下賭注的大小程度是一個晚上可以輸掉一年的工資，雖然他的收入遠高於很多人，但卻經常要將身上的貴重品進行抵押。

另外，命主共有三段婚姻，有兩位妻子曾為他生兒育女，最後一段婚姻維持了超過三十年直至現在。

乾造：

偏財	偏印	日元	偏財
己	癸	乙	己
卯	酉	卯	卯
乙 比肩	辛 七殺	乙 比肩	乙 比肩

大運（現運乙丑）：

1941	1951	1961	1971
3歲	13歲	23歲	33歲
壬 正印	辛 七殺	庚 正官	己 偏財
申 正官	未 偏財	午 食神	巳 傷官
正印	食神	偏財	正財
正財	比肩		正官

1981	1991	2001	2011
43歲	53歲	63歲	73歲
戊 正財	丁 食神	丙 傷官	乙 比肩
辰 正財	卯 比肩	寅 劫財	丑 偏財
比肩		傷官	偏印
偏印		正財	七殺

乾造：

年	月	日元	時
己	癸	乙	己
卯	酉	卯	卯

大運：

1941	1951	1961	1971	1981	1991	2001	2011
壬申	辛未	庚午	己巳	戊辰	丁卯	丙寅	乙丑

命主出生於廣東省內一條農村，身型像大部分中國南方人士一樣較為瘦削矮小，身高介乎一六〇至一六五公分。前額高廣，眉骨與顴骨張凸有力，左右鼻翼肉厚，鼻孔以至準頭都略向上仰；面貌嚴肅，不怒而威，雖白髮爭出，但即使相距數丈，仍能令人感受到一股帶着壓迫感的銳利。

打開命局，日元乙木縱然植根深厚，始終難敵一點秋風。一眾卯木誕於酉月，生不逢時為非戰之罪。

此局身弱，應以癸水化殺生身為用，以時支卯木作為根基。

年干己土雖受坐下卯木直剋，但由於年支卯木亦同時受到月令酉金強沖而自身難保，所以癸水用神無法避免遭受年干己土束手縛腳。

秋月乙木無火，自身失去調候，財星亦失屏障，癸水用神又受剋，原格局不高，惟有依賴重重比肩卯木徒手肉搏以一步一腳印的方式用血汗奮鬥。由於乙木始終有重根，暗藏發越因子，只是受抑制而已，若能遇運令水木重生，將有突破性的表現。

作，命局無火，一生卻對着爐頭工作，「五行少者必貪」導引了他走向火屬性的工作，職業生涯主要從事中式飲食業。

不論身旺身弱，比劫力厚而根重，個性定必自尊心重、爭勝心強，與殺星短兵相接，更激發起競爭意欲，所以命主一生無論為公為私，多次與人衝突打鬥。

另外，比劫加透干無護的偏財更是賭徒命局的經典範例。

古書有云：「天干連三字，幾重婚姻事」。原局最讓人在意的是三個卯木比肩，雖不是透出天干，但男命比肩盤踞妻宮，且受旁支直沖，己土妻星無護及無根，全局地支又皆為桃花星，幾度婚姻的意象再明顯不過。

與此同時，原局己土財星無護亦等同公佈了命主疏財的性格，帶出了財來財去、財至不留的信息。

走入大運，先是壬申：

申金一方制木，但有壬水通關，雖受原局己土相混，到底亦能起生身之用。命主出生在大陸農村，雖家貧屋漏，幸家庭完整，一家人胼手胝足，勉強能保兩餐溫飽。

乾造：

	時	日元	月	年
	己卯	乙卯	癸酉	己卯

大運：

1941	1951	1961	1971	1981	1991	2001	2011
壬申	辛未	庚午	己巳	戊辰	丁卯	丙寅	乙丑

及至辛未大運，未土為原局己土補根之餘，又與卯木半合木局，木土大戰，強勝弱敗。

年少喪父後，比劫剋財的效應亦令其要肩負起家中重擔，十多歲開始已需要多次偷渡香港工作賺錢回鄉。

大運庚午：

金與火的加入令原局五行流通。庚金雖坐着午火而來，但仍有力合住日主令木神之力減弱。午火既能溫暖全局又能生旺土神，運內促成人生第一段婚姻。

＊一九六七流年丁未：一次由港回鄉後被鄉管扣押。

丁、午生土，己、未助土，午未再合化火土，流年令全局火土突然迅速旺起，月干用神癸水更見凋零，年內回鄉時被扣留二十天。

未土雖助土神，亦同時與卯木半合木局，幾經波折下得第一任妻子相助才能脫離困境。自此之後，直至一九七九年大陸開放後，才有勇氣再踏足故土。

＊一九六九流年己酉：一次賭博中輸了一年半工資。

天干己土剋癸水，流年酉金逢天干己土及大運庚金之助，將原局卯木硬生生地打走。

全局各路水、木皆遇天敵戰剋，存了一年的工資不單止在一晚的賭博中灰飛煙滅，而且更要額外賠上半年的收入才能全身而退。

另外，胞弟（卯木）亦由港回鄉後被扣押無法釋出，除了心理打擊外，亦加重了經濟負擔。

由於走南方火運，剋金有力，所以並未造成嚴重負債，亦未有傷及身體要害。

＊一九七〇流年庚戌：自殺失敗。

日元再逢剋合，而卯木亦遭受戌土羈絆，更甚者，一直為原局提供精神溫暖的大運午火也受到戌土纏繞。

命主感到前所未有的茫然，為自己安排身後事後，打算從高樓躍下以求解脫，但到最後一刻卻臨崖膽怯。了斷不了自己，反而從此放棄輕生的念頭，此事亦令命主的性格更趨強韌。

乾造：

	己卯
	癸酉
日元	乙卯
	己卯

大運：

1941	壬申	
1951	辛未	
1961	庚午	
1971	己巳	
1981	戊辰	
1991	丁卯	
2001	丙寅	
2011	乙丑	

己酉年與庚戌年雖同是土金流年，但分別甚大，現從另一個角度補充說明，為你在用神與忌神的圈子裏指出方向。

己酉年是卯酉相沖因戰而敗，而庚戌年是卯戌相合受縛被困。庚戌年是連行動的機會也沒有，戰鬥基礎的卯木比肩被去，甚至影響到原本無懼生死的勇氣都被洩去。

大運己巳：

地支巳火合住酉金令兩旁的卯木重獲自由，此運令原局由弱轉旺，天干己土剋癸水令原局用神受創反為有利，忌流年再來水、木助旺木神。同一時間，巳火生旺土神之餘亦會作木、土之間的通關。

＊一九七五流年乙卯：車禍意外受傷。

遇乙卯為純木本為喜，但因運成忌，為用的酉金居要津，卯酉互沖損傷難免。

年中發生車禍，全身瘀傷需要留院一個星期，幸得巳火通關，並無大礙。

＊一九七六流年丙辰：轉投新工作的薪金幾乎倍增，但亦輸掉了總值一層樓房的金錢。

辰土合酉金之餘也為己土偏財補根，丙火又得大運巳火之助，身旺逢傷財俱旺，表面上本應為發財的流年，所以薪金的增幅脫離常理。但辰土卻同時助旺起局中所有木神，激發其與木土交戰。（有關辰土的特性，請參閱第83頁「四墓庫與華蓋」）

辰酉之合不化令金神無力制木，只要遇上水旺的流月壓制火神、助旺木神或勾起辰土晦火之力，原局木神在更強旺的情況下，將可進一步破壞土神。

結果命主無法擺脫賭博的誘惑，整年辛苦的積蓄在一次賭博中霎眼蒸發。

大運戊辰：

整柱異黨讓八字學粗疏者以為是壞運無疑，但事實剛好相反。

戊土合住癸水，辰土亦合住酉金，癸水被合當然於行運上大打折扣，但最重要是酉金被羈絆使全局卯木得以脫困，令日元健旺起來。

比劫與財星皆強，明顯是掙錢的時運，而全柱正財會令人變得安定踏實。此運正式遠離賭博，努力工作，一方面養妻活兒，另方面為將來創業成功存下資金，打好基礎。

乾造：

	己卯
	癸酉
日元	乙卯
	己卯

大運：

1941 王申		1981 戊辰
1951 辛未		1991 丁卯
1961 庚午		2001 丙寅
1971 己巳		2011 乙丑

大運丁卯：

丁火生旺財星己土，卯木再為日元打下重樁強沖月令，此時日元之力足以任起全局異黨。當日主強旺，原局的酉金便是殺上沙場的重劍，為踏入人生光輝歲月揭開序幕。（有關理論請參閱第41頁「有病方為貴，無傷不是奇」？）

得大運之助，全局比肩再來逞強，擦亮盔甲，再次投入賭博，但這次將賭桌換成舖面。中年創業絕對是一場考驗意志的賭博，相對純運氣的比試，只是今次的成敗得失較有計算而已。

＊一九九一流年辛未：正式榮升為餐館東主。

辛未的加入非常巧妙地令全局的金、水、木、土之氣都同時加強，卯未合局任起各方異黨，加披戰袍，正式創業成為餐館負責人。

＊二〇〇〇流年庚辰：退休離場，將餐館頂讓予他人。

雖然庚金合住日主多化了一重金，但辰土亦合住酉金，令眾卯木得以自如。辰土同時晦火、生金、助土、養木，金神縱因流年而大旺，木神卻一點都不弱。

筆者只能斷其此年受到極大壓力及失意，但卻能得遇橫財。

實情原來是業主見他生意興旺而大幅上調租金，命主衡量得失後，決定將餐館頂讓，賺取這一次性的「橫財」，並索性掛甲退休。

命主仔細描述了自己從大陸排除萬難來到香港，及至走埠世界，再回港工作與經營生意，都是憑一張刀子和一身的膽色，雖不是在戰場上與敵兵橫砍直劈、互相廝殺，但手執利器戰鬥大半生，亦充分反映了比肩與七殺的干戈關係。

現在孫子都已成家立室，自己亦退休超過十年，雖然在年輕時因賭博而令自己多次陷於經濟困境，但今天終於可以解下戎裝，身體亦尚算健康，閒時可到處遊覽，亦可謂是幸福美滿了。

命主的三段婚姻是此盤局的另一着眼點。筆者沒有刻意在流年上詳細分析他的婚姻離合，因為筆者認為計算結婚和離婚的儀式並不是八字推命術的強項。當然，世上能人異士眾多，或許有人甚至連假結婚、重婚也能推算出。不過，如果婚禮儀式能經過推算而有標準答案，則擇日結婚在某程度上也就自打嘴巴了。

乾造：

	己卯
	癸酉
日元	乙卯
	己卯

大運：

1941	1951	1961	1971	1981	1991	2001	2011
壬申	辛未	庚午	己巳	戊辰	丁卯	丙寅	乙丑

以下列出命主正式結婚及正式離婚的流年，給大家參考：

第一段婚姻：

結婚：一九六三年

離婚：一九七三年

第二段婚姻：

結婚：一九七七年

離婚：一九七八年（美國政府不承認命主第一段婚姻的離婚證書，命主被判重婚，即時被遞解出境。）

第三段婚姻：

結婚：一九八〇年直至現在

命盤是固定的，命盤顯示了命主與生俱來的思考模式和潛藏信念。個人性格的確能從命盤中看出一個大方向，但隨着大運流轉，大運的五行會切入命局影響原局的固有秩序。如果大運的角色與原局的慣性有極端的分野，即使不是因為特殊的際遇，個人的基本性格亦會在不知不覺中受到大運影響而產生變化，日常生活品味也會因此而改變，例如喜歡的顏色、喜歡的味道也會有別於從前。

在筆者看來，「命運」是走得最前的，其他任何一種力量都不足以將它煞停。雖然不能將它強行拉下，但我們能通過命理的預測令自己有意識地望着前方，當看見危險時，為自己預留足夠的時間和空間去選擇最合適的方法處理。

例如，我們可以將力量過盛的五行轉移，盡量發揮有利的一面，將不利的一面用另一種形式轉化。性格急躁而又身體強壯的人可以多做劇烈運動；思慮過多而又優柔寡斷者可以學畫畫或學音樂，將聚焦點轉移。事實上，學習也是人生修行的一課，畢竟許多問題不是單憑忍耐和壓抑便能夠解決的。

性格的好壞之分在乎你看到多少優點或選擇看多少優點而已。一些被認定是正面積極的性格看似能令人生由缺失趨向完滿，但很多時卻可導致由追求完滿而變得充滿遺憾。

本例命主的性格一向都是積極進取、不計得失、視錢財如流水的，但要走到吝嗇計較、唯利是圖、講究現實的戊辰運，才能真正建立起人生基礎。

太極圖徽教會了我們陰陽，優中有劣，劣中亦有優，只要懂得在適當時候、適當地方將優點發揮，就能為人生帶來正面的影響。推命術精湛和品德兼優的命理師，就能為大眾展示出「適當」的定義。

大部分人都執意將命運分化成「一切皆是命」和「性格惹的禍」，否定了它們同時並存又互相包融的可能性。

你為世界設下種種界限，最後世界亦只能讓你看到重重關卡。

即使全身都是武器，有時還不如一個決心強大。

合化論

——多角度闡釋合化的真正內蘊，附以一個出現多重合化的命局作佐例。

天干地支的合化為八字學的基本入門，對合化的認識深淺與運用的靈活與否嚴重影響斷命的質量與準繩。

你沒有看錯，筆者也沒有寫錯，除了「質」，還有「量」。合化引伸出的「量」是相當難以判斷的，但這也正好反映出變幻莫測的人生。

非常無奈的是，由於沒有任何命學巨著詳細説明合化的運用法則，所以坊間對合化的理解並不一致，而且各門各派的分歧亦甚大，此之所以命理書中講述的合化法則五花八門，致使這個問題一直困擾着不少習八字者。

天干地支有各種不同規律性的合化，一般理解的五行合局有兩種情況：

一・合而不化：有份參與合化的五行都同時減力，作羈絆論。

二・合而能化：兩行或三行同時化為一種五行，有份參與合化的五行的基本性質會受到影響，如合化的是地支，有部分學派會認為支中藏干會全部消失。

以上的理論都是八字書籍一直以來所奉行的，至今少有爭議。至於何種五行能與其相配的五行有合，各家都有共識，並未受到重大質疑，各家主要執著的是成化的條件。

但問題是，合化理論運行的核心就是成化的條件，由於沒有統一標準，命理師便依自己的理解或門派的傳承去詮釋及應用，所以八字命理界對此充斥着不同的説法。隨着八字的普及與發展，不同命理師為求切合各種命式的需要，更將其演化成各適其適，成化條件之多，這裏就無謂逐一舉例了。

理論不能統一，表證了意見分別之大，以致不能共存。

既然不能共存，即表證了最少一方有錯誤，或多方都有錯誤。

很多習命者在初接觸八字時，會嘗試跟着各式各樣的合化條件去推命，不單因混亂之極而無法掌握，亦難以有滿意的效果，而且更往往趨向事後孔明，每次都強要為事情的發展找合乎法理的合化條件去解釋。

大部分人在玄學上迷失的最主要原因是，他們只顧埋首在學問末端的追求來獲得表面的進步，忽略甚至漠視了對本源的探索，所以一旦要站在大是大非面前時，便無法作出抉擇。

八字學來自時間與自然，箇中變化當然脫離不了此兩者的關係，能夠抓牢時間與自然的概念，便容易理解合化的形式除了以上兩種情況外，還可以有更深層的演繹。

真實的人生是複雜而多變的，為甚麼五行相合只有化與不化？

為甚麼不可以化一些而另一些不化？

為甚麼不可以這邊多化一些，那邊少化一些？

姑勿論你是否相信達爾文的進化論，我們確實發現了大部分的物種在進化或變態過程中，並不是一下子由一種物態突然化作另外一種物態，而大自然的不測風雲，也並非真的毫無先兆的。

玄學界中人最喜歡以自然植物比喻命盤與人生，筆者亦不妨以此作例。誰都知道，當花卉要結果，果實是不會從結出來的一刻就突然變得成熟，而是需要時日成長，花與果往往更是此消彼長，當各方面條件充足配合，果實才會成熟。假如你細心思索，大自然生態都充滿了這些有趣的例子。

要化得完整徹底，是需要多方面條件配合的，原局當然是關鍵，大運流年的牽引也不能忽視。

筆者相信，五行中的合局除了可以完全合化外，亦可以化一部分而另一部分不化，又或化出多一部分而留有一部分，而其間是有細微差別的。

至於合局內容中有多少能化，或能化出多少，甚難以百分比去表達，這極需要綜觀全局配置和大運流年的影響來作判斷的。本篇的目的主要是讓讀者認識合化內藏的本質，因為即使只單論合化中的有形與無形，已足以佔去半本書的篇幅了。

有命理師認為，合化帶來的效應主要是有利的，而沖、刑則會構成禍害。筆者很懷疑生肖中合太歲與犯太歲的想法是由此引伸而來的。據筆者個人經驗與理解，合化造成的影響更形深厚，至於有利與否，還須看合化能否對命局帶來正面作用。

合化雖或能夠增加所化的五行力量，但亦必損相合之五行干支，無論半合、三合、五合、六合，當以能化得最徹底者為損害之最。

局有合化即有變，局中有變必有意義，而有變的五行及其所處位置都是論命時其中一個切入點。不論喜忌，受合化之五行必有該五行代表之六親或十神代表之意義的變質或喪失。

以下的案例主角本身對八字學已有基本認識，她十分相信命理，業餘自學之外，間時亦會找坊間命理師推命問卜。身為年輕女性，所問的當然離不開事業前程和姻緣狀況。

命主學習八字的原因，原本純粹出於對玄學的好奇和對姻緣的渴望，但經過多年努力及不同命理師的多番批算後，仍然無法解決命局的疑問。由於糾結良久亦不得其解，所以便對八字學失去信心，更使其認為所有玄學都有自圓其說的方法。

綜合命主過往的算命經驗，當中有三位命理師讓她印象特別深刻，他們分別對她的命局總綱下了以下三個不同見解的判定：

一・身強

二・身弱

三・五合化氣格中的戊癸化火格

這明顯是三種完全不同的取向，說明了最少兩方出現錯誤推算。至於他們為甚麼會有截然不同的判斷，讀者在看過命盤後自能明白一二。

坤造：

傷官	正財	日元	正印
辛	癸	戊	丁
酉	巳	申	巳
辛 傷官	丙 偏印	庚 食神	丙 偏印
	戊 比肩	壬 偏財	戊 比肩
	庚 食神	戊 比肩	庚 食神

大運（現運丁酉）：

1983	1993	2003	2013
3歲	13歲	23歲	33歲
甲 七殺	乙 正官	丙 偏印	丁 正印
午 正印	未 劫財	申 食神	酉 傷官
劫財	正印	偏財	
	正官	比肩	

命盤中不但合局多，而且皆透干通根有力，這盤局何止讓初學者迷亂，若合化的理念稍一捉不緊，經驗再豐富的命理師都會糊裏糊塗。

命壇經典《滴天髓》有云：「合有宜不宜，合多不為奇。」

第一句很好理解，至於第二句的「奇」，不是奇怪的意思，這個「奇」，是帶有褒意的，意為特別尊貴。

為甚麼「合多不為奇」？

古今命理書都認為，合多情亦多，情多時桃花亦多，桃花多時男女關係就會混亂，男女關係混亂便自然影響事業發展。

一連串的推理看似情理俱在，因為愛情是盲目的，瞎了眼怎麼能看得清前路？

老天爺有些時候還算是公平的，感情問題不會只困擾着某一類人，多少奇富、奇貴的人不也一樣是感情混亂？有些情況更有過之而無不及。（例子可見於第144頁「英倫玫瑰之從格的迷思」）

這個命例剛好反證了八字命盤中合局多等同桃花多這條姻緣法則，她要走到人生第二十九個年頭才遇上生命中第一個男人。

如果你認為性格有分優點、缺點的話，合局多最大的問題就是優柔寡斷。合局多的人比較缺少自我個性，但正因為這樣，他們反而易於跟別人相處，人際關係一般都會不錯。他們不希望傷害朋友，而這種不願傷害人的性格甚至還會表現在愛情與事業上，感情與工作混亂的原因，最主要是他們缺乏決斷力與行動力，而且在不願意拒絕別人的同時，亦拒絕面對自己。

偉人烈士從來都是極端自我的，太顧及別人感受又怎能昂首闊步創下不世功業？此為「合多不為奇」之真義也。

坤造：

	年	月	日元	時
天干	辛	癸	戊	丁
地支	酉	巳	申	巳

大運：

1983	1993	2003	2013
甲午	乙未	丙申	丁酉

現在看看命主及其命盤為何能令不少命理愛好者傾沒於重城底下。

命主是土生土長的香港人，大學畢業。身高約一六〇公分，身材略胖而壯實，圓臉小嘴，鼻樑稍低，額高但兩邊驛馬輕微斜陷。思想成熟穩重，說話條理分明，給人印象最深刻的是和藹可親的甜美笑容。平心而論，尋常外貌，性格和善，問命時又正值青春年華，表面看的確很難相信她竟多年未談戀愛。

要直搗核心，先撥開雲霧。

戊土性剛厚，合多性軟柔，更加重了命局的矛盾。這種組合無論對人對事，心腸都是硬不起來，而當需要圓滑面對的時候，偏又過分執著，對待緩急輕重的處理，總讓旁人為之着急。不想妄合，但又拿不定主意，所以總讓姻緣擦身而過。

巳月戊土，本性喜丙火、癸水，現一藏一透，格局自是不低。命主工作環境舒適，年薪收入遠高於人均中位數之上。

再來就是切入重點，找出命中喜忌。

此局要找出用神，必先要解開重重合局，而在解開重重合局之前，先要徹底了解月令巳火在原局中發揮的作用。

很多命理家認為，月令不會受原局的其他合/沖影響而改變其基本性質，效果是否能夠令人滿意，讀者如果多留意身邊的實際命例，你便應該會感到相當困惑。

八字的圖像雖然平面，但如要憑此看出人生，便需自行調節出立體影像。

再從時間與自然的概念出發，月令的身份就會是多重的。

月令巳火的第一重身份是時間的角色，四月初夏，提供了全局的溫度；第二重身份是作為地支巳火自己個體本身。

坤造：

	辛酉
	癸巳
日元	戊申
	丁巳

大運：

1983	甲午
1993	乙未
2003	丙申
2013	丁酉

月份的溫度是不會有大改變的，但地支巳火卻是頭號變形蟲。

有部分命理家認為，原局若出現多於一個合／沖局時，干支沖合有序，或合局有大小先後，但無論依哪一種看法，月令巳火都只會合年支酉金而不合日支申金。

不過，筆者個人則較傾向於各種合／沖可以同時發生，所以筆者認為月令巳火同時合酉又合申。

據以上原則分析，由於辛金及癸水都分別透干，巳火個體本身的「質」已出現大幅度的轉變，巳中火五行的性質明顯已極度虛弱。

月令這關口既失，時支巳火又被羈絆不聽使喚，所以此局以身弱斷之，取丁火為用。但由於生在自黨月份，戊癸又多化一重印星，加上時干再透丁火幫身，消消長長，日元戊土只是稍弱而已。

大運丙申：

此運看似令混亂不堪的原局再雪上加霜，但其實原局反因丙申的介入造出了新合局而清除掉不少雜障。天干丙辛合化水，而原局地支的兩顆巳火都被大運的申金合化了大半。

＊二〇〇八流年戊子：由小職員升至管理層。

戊子年最主要的關鍵是子水合住了原局及大運的申金，令局中巳火得以釋放。流年天干戊土首要的功用是比助日主，再來就是合剋癸水，此舉大大減去了水神的力量。另外，得大運丙火、原局地支巳火助化，多化了一重印星火生身。

原局有印星無官殺，此年只是任起了局中傷食，所以只能被安排做一位名大於實的掛名管理層。此年亦同時任起了財星，年內得到了一份相當豐厚的花紅。

＊二〇一〇流年庚寅：遇上了第一個闖入生命的男人。

由於原局不見官殺，愛情的出現是極需要大運流年的配合。

驟眼看，寅木殺星是被庚金騎着而來的，而且與夫妻宮相沖的又是死對頭申金，看來又是白忙一場。幸好月老沒有忘記她，丙申運化出了強水從旁悉心看護，令金神的注意力集中在水神之上，結果命主與愛人最後成功相約在冬季。

坤造：

	辛酉
	癸巳
日元	戊申
	丁巳

大運：

1983	甲午
1993	乙未
2003	丙申
2013	丁酉

＊二〇一一流年辛卯：由管理層下降回普通職員。

流年辛金令大運丙火進一步減弱，丙辛合加強引動地支的水局，而卯木受辛金直剋，不單不生火，亦難通水剋火之關，甚至沖起了年支酉金。此年金水俱旺，火力大不如前，全局只剩下被孤立了的時干丁火。

身弱而印星再受困剋，主名譽受損，曇花一現的官星直接被傷，由無實權的管理層再遭削權，被降回為普通職員。

＊二〇一二流年壬辰、二〇一三流年癸巳（西曆八月份才正式轉入丁酉運）：二月中發現懷有身孕，三月份不幸流產。

正式有孕到發現有孕大概需要二至四星期，即命主應在壬辰年已懷孕。女命傷食代表兒女，此局要成功懷孕，要滿足以下三個條件：

一・動起子女宮
二・保護好傷食
三・旺起日元

壬辰年癸丑月就可充分達成這三個條件了。

筆者在得知她有孕的消息後，已告誡她小心安胎。雖然曾有命理師狠實的擔保她能順利生產，可是，也許這一切都皆是命，人生的修行從來都不是容易的。要導致流產，只要破壞局中的傷食就足夠了。

癸巳年發生的合化始終火神勝水，乙卯月既令水不剋火，又強沖酉金，傷食最終不敵群火相煎。

人生地圖充滿了灰色地帶，合化亦如是。合化的「質」告訴了你黑與白的清晰度，合化的「量」則告訴你黑與白各自盤踞的面積。

很多人以為分辨了身旺、身弱就等於找到用神，更多人以為找到用神就等於能判辨吉凶。

架起雲梯，俯瞰全局，方知山重水複。
踏過圍牆，仰望星辰，漸見柳暗花明。

英倫玫瑰之從格的迷思

——詳細分析戴安娜命造，及指出從格的結構重點。

玫瑰雖美，但卻總是帶刺，是真正只可遠觀而不可褻玩的植物。玫瑰的生命是需要遇到惜花之人去欣賞的，如只着迷於冠上叢叢的花瓣卻討厭莖上的刺，最好選擇別的花卉，反正世上漂亮柔香的花兒多的是。無奈卻偏偏有人喜歡把弄不帶刺的玫瑰，更索性將煩人的刺強行砍掉。

戴安娜（Diana，Princess of Wales）（一九六一年七月一日——一九九七年八月三十一日），英國威爾斯王妃。她是英國皇儲、威爾斯親王查理斯的第一任妻子，亦是威廉王子和哈利王子的親生母親。戴安娜的出現大大改變了世人對皇室貴族的看法，單以受歡迎程度估計，相信不止於英國史上，她甚至是世界史上最受人民愛戴的皇室成員之一。

戴安娜受歡迎的原因並不單憑她的外在美，說實在的，她的五官並不特別標緻，但無可否認的是，她眉梢眼角的牽動與舉手投足間的懾人魅力着實令人為之傾倒，而她真正最能觸動人心的是發自內心的勇敢和善良。

戴安娜的婚姻雖被喻為史上最童話式的夢幻，但她的出身其實並不怎麼「灰姑娘」。戴安娜出身於貴族之家，只可惜到父親的一代已家道中落。雖早年已掛着女爵的勳銜，但家境稱不上富裕，日常只是過着平民般的生活。童年時代的戴安娜並沒受到父母重視，在她六歲的時候，父母的婚姻更因母親不忠而破裂，戴安娜與姊弟從此之後便跟着父親生活。九歲的戴安娜在不情願的情況下被送到私立學校，一直無心向學，正規的學業成績又不佳，所以不到十七歲便輟學，不久後成為幼稚園教師。在一次偶然的機會下，她參加派對認識了未來夫君查理斯王子。

剛滿二十歲的戴安娜在全球十億電視觀眾的見證下，正式嫁予查理斯王子，隨後便緊接開展其光輝但極不愉快的王妃傳奇。

跟世上大部分的名人明星一樣，她的命盤受到中外玄學界高度注目。以近代西方名人作對象是其中一個研習「特別」命盤的重要途徑，因為他們的事迹有公開紀錄可供參考，除非命盤屬於演藝人士，否則一般不用過分懷疑出生年、月、日的真確性。筆者對戴安娜的出生做過不算粗略的資料搜集，發現子、丑、午、酉、戌時都曾被人用以大造文章。

坊間命理家沒有詳細解釋為何他們取以上時辰來起命盤，筆者亦難以深究緣由，但凡習八字者必然知道時柱又為子女宮，如命主已有親生子女，用八字推算回自身時柱的最有效方法，肯定就是利用子女的出生年份，但竟然未見有人採用此法，焉不奇哉！

威廉王子與哈利王子的出生日如下——

威廉王子：一九八二年六月二十一日（正值丙申運壬戌年）

哈利王子：一九八四年九月十五日（正值丁酉運甲子年）

詳閱各時辰，只有子時和戌時才有可能同時在該兩年產子，再對照其餘人生事迹，以戌時為最適當合理的選擇。亦有資料顯示，戴妃是在傍晚時份出生，當然這點並不可靠，但可作為佐證之用。

不論你如何看待戴安娜的成就，一位萬人擁戴、空前絕後的人物不可能只有平凡的命盤。其餘時辰的命盤都主要是普通身弱的格局，根本不存在名震全球的因素，個人成就的高低在原局一定有迹可尋，而戌時的命盤就存有這種突破的基因。

戌時命盤如下：

坤造：

七殺	劫財	日元	傷官
辛	甲	乙	丙
丑	午	未	戌
己 偏財	丁 食神	己 偏財	戊 正財
癸 偏印	己 偏財	丁 食神	辛 七殺
辛 七殺		乙 比肩	丁 食神

大運：

1963	1973	1983	1993
3歲	13歲	23歲	33歲
乙 比肩	丙 傷官	丁 食神	戊 正財
未 偏財	申 正官	酉 七殺	戌 正財
食神	正印		七殺
比肩	正財		食神

乙木午月食神秉令，旁有甲木互相扶持，兩者皆賴未土一點微根植立，但午未可合，以丙火為引，化火得相當徹底，未土支中藏干被掏空，徒剩外軀。

年上辛金七殺生於火旺之月，原亦殘喘，但得坐下丑土晦火養金，重獲生機。

時上丙火傷官得令得地，旺之非常。

要判斷格局就要找出重點，「藤蘿繫甲」是為天干的亮眼處，但甲木生於午月

死地又無真根，再遇辛金貼身相剋，乙木依扶的只是一條支離破碎的木炭。

「陰干從勢無情義」，命局有足夠條件成「假從格」。

很多學八字的人都以為，從格凡遇異黨都可取之為用，所以方能成富取貴，這明顯是八字學的誤區。剛好戴妃的命盤給予確切例子去證明從格用、忌的變化並非

坤造：

大運：		
1963	乙未	辛丑
1973	丙申	甲午
1983	丁酉	乙未（日元）
1993	戊戌	丙戌

單單只有一途，有時到微妙處，更甚之於普通格局。

既成從格，甲木就是眼前杉，當以辛金七殺去木為用。

用金自然忌火，如辛金被火剋去，木神無制便可乘時破格壞局。但偏卻關隘月令午火又不能去，因午火一去，未土得以還魂，甲乙木連環得根令從格還原，終究會釀成大禍也。

局中遍佈浮動元素，人生難免起落無常。此局干支的組合看似環環相扣，實質多處虛位，且凶物力狂，相當容易破局。

從格與手相中的斷掌同樣惹人遐想，但同樣大部分都是美麗的誤會。巧合的

是，斷掌有真假，從格亦有真假。

《滴天髓》有云：「真從之象有幾人，假從亦可發其身」，此句只說明真從之稀有，而假從則需要後天配合才可發越，但並無提及發越程度的高低。

「假」之弊是在於需要後天大運去成就格局，難以綿長，而至於富貴的深淺，並不是來自真假之別。

普通格局有級數之分，從格當然不會例外。

要判斷格局的級數，無非是看五行分佈與消長、用神與忌神的力量強弱及其在局中所能起的作用。從格是日主被迫放棄自身五行之力去委身順從其他五行而構成的，所以局中剋洩日主之力的五行干支愈是純厚，格局的級數便愈是高貴。

至於何謂純、厚？

純者，不偏雜也。一是天干和地支的五行種類不多，即使有五行干支因合化影響其本質，其所化出的五行亦為原局早已有的。二是地支藏干的五行種類不多，除非受合化改變了其本質，否則支中餘氣將會影響局中其他主氣的發揮。

而厚者，力量隆厚也。能令五行力量隆厚者，非合局與刑局不能成之。

三會、三合和三刑的力量最大，三會力專，三合力廣，而三刑則帶有開創性的破壞力。

天干五合的力量次之，半合再次之，六合則次之又次。

坤造：

	辛	丑
	甲	午
日元	乙	未
	丙	戌

大運：

1963	乙未
1973	丙申
1983	丁酉
1993	戊戌

普通刑局不能視為增加力量的一種，但又有循環消磨、不滅不滅之意。刑局涵意複雜，需個別論斷。

回看戴妃命局，地支丑戌未三刑。「三刑得用，威震邊疆」。要威震邊疆，古書已有明示，其中一種方法是要用得上三刑。

局中土神化火，生金、止水，當然用得上，而丑土同時能為金神提供力量，戌土與變種的未土則為火神提供力量。

火土的力量純而厚，金神亦巧妙地從中得力，這些組合最後促成了此從格。**而戴妃聲名遠播的主因，最主要是利用了三刑的力量，並將之發揮在從格上。**

辛丑年柱七殺為用，祖上地位顯赫，個人受惠於貴族身份。月柱為忌，父道中落。夫宮未土為變色龍，但又是成局的關鍵。時柱則用忌參半。

頭柱大運乙未為原局甲乙木助力補根，自是失運之時，未致潦倒，主因是辛金無傷。

大運丙申：

辛金雖受丙火羈絆減力，但地支遇強根，雖失還得，因緣際會遇上了改變她一生的查理斯。

＊一九八一流年辛酉：英國皇室舉行了萬眾矚目的世紀婚禮，戴安娜成為令無數懷春少女既羨慕又妒忌的女主角。

天干辛金重現，令原局的丙火減力。原局、大運、流年地支組成的申酉戌三合金局又遇辛金為引，金旺沖天之勢沒法擋。忌神被制，用神有力，幼稚園教師一躍成為英國王妃，身份地位十級跳。

＊一九八二流年壬戌：誕下長子威廉王子。

坤造：

	辛丑
	甲午
日元	乙未
	丙戌

大運：

1963	乙未
1973	丙申
1983	丁酉
1993	戊戌

運在西方，壬水雖弱，仍有通關生木之力。流年戊土與原局午火合化，釋放出未土。

此時日主受生再復得根，可以有力任起原局食傷，亦因為流年戌土的加入，原局三刑的連環關係被引動，觸動了子女宮。

由於木火旺起的關係，此年實為失意痛苦的一年。戴安娜懷孕三個月時，以自殺式的方法滾下樓梯仍無法得到查理斯的關心，她的心情可想而知。

大運丁酉：

以皇室成員身份展開世界各地親善之旅。與查理斯各自擁有婚外情，婚姻破裂，正式分居。

天干丁火直接沖剋年干辛金，地支酉金卻為其補出丑酉合出的強根，但亦由於丑土被合，晦火之力大大減弱，各方消長造成地位名聲的各種讚斥褒貶。

＊一九八四流年甲子：誕下次子哈利王子。

大運丁酉，酉戌相害先動了子女宮，流年子水沖原局午火，令未土重現，甲子使自身有力任起原局食傷。

同樣是木火旺起的關係，是為不得意的一年，有傳哈利王子並非出自查理斯，可想二人關係並不如意。

＊一九九二流年壬申：與查理斯正式分居。

地支再現申酉戌三合金局，亦因申、酉的加入震盪原局丑戌未的連動，全局地支均受影響，但今次流年天干有強水通關，化喜為忌，身份地位今非昔比。

大運戊戌：

解除皇室束縛，率性縱情，情傾富二代花花公子，在一次意外中結束了短暫而耀眼的一生。

大運戊戌的加入令午火與戌土合出火局，大幅提升了整局的熱度，放出的未土又是熱土，年柱用神在高溫下飽受煎熬。

坤造：

	辛丑
	甲午
日元	乙未
	丙戌

大運：

1963	1973	1983	1993
乙未	丙申	丁酉	戊戌

＊一九九六流年丙子：與查理斯正式離婚。

戊戌運將午火合住，未土歸原令甲、乙木得根，但這並未傷及要害，最大的破壞是丙火合住辛金得子水之助而多化一重水，令辛金大打折扣，用神嚴重受創。但由於運在厚土戊戌，丙辛化水之力不能完全發揮，否則能否活命已成疑問。

此年其實不能單純以好或壞來判斷，因為外在與內心各走極端。命中七殺失用，王妃的地位名存實亡，但水旺自然能壓制局中旺火，加上子午沖再加添力量打破原局午未的組合，傷食為忌適逢制約，戴安娜定必有豁然開朗之感，因終能解除皇室枷鎖，隨心追求所愛。

＊一九九七流年丁丑：香消玉殞，與愛侶雙雙魂斷於法國浪漫之都。

活過丙子年是因為戊戌運，永遠留在丁丑年也是因為戊戌運。丁火硬生生地直接打去辛金，繼而與時干丙火協力引動大運與月令促成的午戌合，流年地支與原局年支丑土本有晦火之力，但運在燥土戊戌止水有力，丑未互沖又旺起土神，令丑土晦火的功能受到嚴重抑制，面對全局火海到底獨力難支，整柱辛丑無力作為，甲乙木再無任何掣肘，結果在戊申月乙巳日，木、火兩忌同時肆虐，戴安娜最後意外喪生於重重疑團的車禍中。這組由原局、大運、流年合成的三刑亦造就了這宗轟動國際的新聞。

戴安娜成為上流社會中的公眾人物後，她借用了這一個身份與世界接軌，為世界帶來影響深遠的貢獻，她一生的成就遠較眾多熒幕巨星來得輝煌，奈何「幸福」兩字卻跟她本人沾不上邊。

戴安娜溫柔的一面雖然讓英國皇室受到善意的注目，但站在皇室的立場，她勇敢和善良的言行不單沒有為皇室帶來光榮，反而將其他皇室成員比下去，更為皇室帶來不少尷尬。

命中甲木為忌而又與乙木緊緊癡纏，雖捨命成從格去了，但每逢辛金轉弱，或午未合稍一鬆散，仁木的本性難移，多次行善扶弱於危難中，可惜局中終歸厭木，這是從得不真留有餘患也。

為世界帶來撫慰的戴安娜，卻將自己推向邊緣。

她的命盤中傷食暢旺為忌，是縱情放浪、自由率性的標誌。面對不愉快的婚姻生活，有人會選擇默默承受，她卻以多采多姿的婚外情生活來解開牢籠的鬱悶。雖然滿足了自己的歡愉，卻羞辱了皇室百年的尊貴。

戴安娜如沒有先輩賜予的貴族地位，她就難以跟英國皇室結成姻親關係。難道王子與英女皇真會選擇一個讀書不成的幼稚園教師為妃？

坤造：

辛丑	甲午	乙未（日元）	丙戌

大運：

1963	1973	1983	1993
乙未	丙申	丁酉	戊戌

成為公主的冀望，最終讓頭頂戴上驕傲。奢侈的愛，卻讓她走上絕路。

七殺用神在年干，地位易於彰顯；亦因為七殺用神在年干，情人亦容易曝光；更因為七殺用神在年干，所以要在毫無遮掩下硬接歲運的沖擊。

名揚天下的盤局有很多種，但靠刑出來的名聲當然不會來得輕鬆；爭議只是小事，但由刑所產生的副作用卻是非同小可。觀乎三刑在原局所處的位置，看家自可心領神會。

一個真正有血有肉的人是多面性的，當你要看得鉅細無遺，舉世讚頌的聖人都無不可圈可點。

當英女皇有天要尋找極樂的時候，女皇與昔日的王妃之間，不知誰會更讓英國人民懷念？

成為歷史，但未劃上句號。

執筆之時，被喻為新一代「平民王妃」的凱蒂剛誕下了威廉王子的兒子，即戴安娜的孫子，祝願各人一切安好。

財

——分析無財、從財、專旺格的分別，附以一個命局無財的實例。

無可否認，現今世界的金錢能夠買到關乎人生的絕大部分東西，包括名譽、權力、勞動力，甚至某程度上的健康。有人認為，金錢不能直接購買健康，這無疑蔑視了追求財富的動力，金錢絕對能換來營養更豐富的食物、更優質的藥物保養、更完善的醫藥治療。因此，無分種族、膚色、年齡、性別，一經受過物質世界的誘惑，都很難豁然地捨金錢而去。

相信很多人都渴望擁有用之不盡的金錢，所以命理中的「財」常被狹義地詮釋為錢財。

八字中的十神配置得十分巧妙，以「我剋」者為財。「我剋」者之意為我所掌控、我所管屬的事物，在原意上，其實並不單指錢財。

「財」的廣義應為一切能被掌控、被管屬的事物，錢財理所當然屬於「我剋」

者的一部分。

在古代社會裏，土地才是「財」的最大象徵，能夠掌管多少土地、土地是否肥沃、地區是否繁盛，比擁有多少銀兩重要得多，因為錢幣的價值極易受到影響，而土地可以傳給後代，可以影響整個宗族的發展，所以古時的諸侯以至近代的百官都以受封的土地價值來衡量掌權者對自己的賞賜。

不過，來到現今世界，地主已然被撤銷，一個人能掌控多少己屬的事物於金錢買賣上，即差不多等於擁有多少財富了。

在六親方面，妻子與父親皆為財星，以正財為妻，偏財為父及妾。妻妾被編為財星，受日主陰陽相剋，無論在意識上或在現實社會中都被定性為日主的資產。八字出於父系社會，人倫關係離不開男尊女卑的傳統思想，將女性物化，妻妾聽命於丈夫，容易理解。

既以正為妻，妾被置於偏的一類亦合乎常理，無甚麼商榷的餘地。

至於父星與日主同陰同陽，父親受子女反制，似是於理於禮皆不合。但只要倒過來站在父方立場思考，便會明白到，有了子女的父親再不能如以往般了無顧慮，這何嘗不是受到約束的一種？

「財」為養命之源，能支配愈多的財，便能擁有愈多的資源。

不論身旺或身弱，原局不見財星主氣，一般都難以致富（「富」的意思是命主擁有的財富在其身處的社會內屬於中產以上），這是由於原局無「財」可「用」的原因。原局財星被合亦同理，但情況則理想得多，因遇歲運沖合，引出財星即可解救。

有些盤局不見財星反能成富，原局無財而又剛好以財星為忌的便是一例，但大運的搭配便需更為講究。

因比劫結局而成的純種專旺格，原局同樣無財，而且不忌財星，為何命書闡述其能成為鉅富？

一般認為，從財格及專旺格都是鉅富的蘊藏，要揭開致富的原因，先要了解盤局結構中致富的條件。

財旺而成從財格的人天性欲求無盡，他們為滿足個人欲求而去爭取財富，是真正為財而存活。

至於因比劫而成的專旺格，命主是為了表現自己、證明個人才能而去爭取財富的。

以上兩者雖然目的相同，但由於求財的本意不一樣，所以在掙財上使用的手段及面對障礙時的心態便有頗大分別。

從財格全名為「棄命從財格」，以財為主，命為次，一如其名，只要能求得財富，即使捨棄性命亦在所不惜。

因比劫構成的專旺格定必比劫多而旺，比劫多而旺的人個性無不專橫執拗，他們一旦認定目標，便會一往直前，而且極端進取。

比劫可用，即兄弟姊妹與朋友多助。比劫力強，他們亦非泛泛之輩，大家會為達到目的而一同奮鬥。

比劫重，其人自尊心也重，在求財的過程中雖或許會如從財格般狠和絕，但手法的取用，便會多了一重面子上的顧慮。

觀乎真專旺格的內心並非渴求擁有財富，而是為了滿足對財富的控制欲，所以此類盤局極需兼看下列三點以作參考：

一．看人生的起點。

例如出生的家庭背景、家族或父母的經濟狀況。

人生起點的高低直接影響個人財富資源的多少。能操控愈多資源，能繼續滾存財富的機會自然愈多。既然能成真專旺格，出生背景很大機會比起一般人優越，但能到甚麼程度，則難以八字估量。

家族擁有一億、十億或百億資產，對一般人來說，已是富豪級別，但對真正富豪來說，它們之間仍有相當大的差距，差距是來自於他們能支配的實際資源。

出生的背景是否足夠強大，是審視遭逢逆境時的專旺格會否容易倒下來的關鍵。

二．看行經的大運。

真專旺格的起點高，一般的大運無礙其生活品質，即使稍差的大運亦難損其物質的充裕程度。

完全依靠比劫成格的專旺格是不忌財星大運的，財星大運只會激發起比劫爭奪的欲望。比劫剋財星，父星露頭被剋，加上流年的配合，便很可能繼承父方的巨額遺產。

專旺格唯我獨尊的性格理應極惹人厭，但盤局顯示比劫與日主目指同一方向，利益相同才順其氣勢。若一旦運逆，槍頭向內，將遭受群起攻伐。

所以專旺格最忌官殺有氣的歲運，如再遇沖、合，將原局的比劫轉化為財星或官殺，輕者官非破財或身體意外受創，重者破局身亡。

三・看富有的定義。

如前所述，「財」為我所掌控、我所管屬的事物，並不單指錢財。

富有可以是能夠享用無數的豪宅、名車、高級用品，但名下卻沒有資產，在銀行裏亦沒有巨額存款。

富有可以是擁有無上限的信用，銀行允許不停借貸、長期負債。

除卻以上的特別格局，要衡量一個人是否真正「財」氣縱橫，亦大致如此，只是財星在原局的分量與佈置不同而已。

「財」有受支配、受掌控的一刻，自然亦會有不受管制、失控的一刻。

原局有之，我們稱其為「窮命」。

歲運遇之，名為「破財」。

時年為二〇一二年夏季，是日萬里無雲，烈陽高掛。據命主稱，其命局特殊，幾無命理師能參透無誤。

坤造：

傷官	正印	日元	正官
辛	丁	戊	乙
卯	酉	午	卯
乙 正官	辛 傷官	丁 正印 己 劫財	乙 正官

大運（現運癸卯）：

1959	1969	1979
9歲	19歲	29歲
戊 比肩	己 劫財	庚 食神
戌 比肩 傷官 正印	亥 偏財 七殺	子 正財

1989	1999	2009
39歲	49歲	59歲
辛 傷官	壬 偏財	癸 正財
丑 劫財 正財 傷官	寅 七殺 偏印 比肩	卯 正官

命主相當迷信，有日夜燒香禮佛的習慣，問卜、看相、算命的經驗都十分豐富。從見面的一刻開始，筆者已感到命主對筆者抱疑，她一直沉默，一副不願多談的樣子，當時她亦毫不諱言，若不是有朋友引薦，她自己是沒可能找上筆者的。

她滔滔不絕是初碰面後半小時的事。

命主在中國大陸出生，少時只曾短暫讀過幾年書，因家境極度貧窮，所以從小到大都要為兼補家計而從事農務工作。

命主的身型矮胖而結實，身高大概只有一五〇公分左右。前額高窄，鼻樑低扁，準頭圓潤，眼、面俱圓，驟看是典型肥胖的土型相貌，但見下頷略為前凸，而且堅實有力，有違一般肥人雙下巴內收的相格。

見面後，筆者心中已有初案，此辛苦命也。

筆者閱盤時，她在旁多番責怪以往的命理師言詞空泛，而且大多不準確，沒能說出個大概便要繳付相金。但同時又說，有不少命理師讚許她富貴雙全，是萬中無一的福相，說她的命相特別有靈性，所以不容易批算云云。

筆者不知道她是要筆者認同命理師言詞空泛的部分，還是要筆者附和她擁有富貴雙全的命相，於是問她：「那些命理師有否給你流年批示，或有關大運的忠告？」

她的回答讓筆者錯愕：「都忘記了！」

戊土生於酉月，日元自坐羊刃，命局中的辛、丁、乙均得祿，四天干盡皆有力，實屬難得，應非常人也，難怪有命理師給她如此評論。

坤造：

辛卯
丁酉
戊午（日元）
乙卯

大運：

1959	1969	1979	1989	1999	2009
戊戌	己亥	庚子	辛丑	壬寅	癸卯

筆者馬上抖擻精神查個究竟，金、火、木看似俱旺，但乙卯生於酉月無水生，受剋之餘又不擅生火，實難助局中丁午，而辛、酉則受到丁、午貼身鄰剋。此三行實際上只能以自身比肩之力獨立支撐，旺而不旺也。

再看戊土品質，戊土天性喜丙火、癸水，原局丁、午之力尚可，但算及藏干，全局一點水也沒有，格局能高到哪裏？

此局最宜用印星化官、制傷，水神雖有助提升格局級數，但亦會損害印星，從而帶來災禍，現無財來壞印，為女中君子也。

局中無財星，以致格局不能高尚，亦因為無財星，命運才不會有潦倒的際遇。

天干透印，應以丁火為用，但午火藏己土作根基反而是最不能傷，行運以乾土、熱土最好。

第一運戊戌，入運遲，筆者斷其自身能闖出名聲，而且應有群眾跟從。另外，父親在此運應非死即離。

命主回想其十多歲才有機會入學讀書，不久便成為「紅領巾」隊長，能夠管理一撮人並代表學校參加活動，而且每年都獲授獎學金，無需繳付學費，為學校的風頭人物。奈何家境實在貧窮，母親為讓其弟弟入學，戊戌運尾時只好安排她進入社會工作，致使她沒法完成小學課程。

父親則在期間離家出走，二十多年杳無音訊，直至一九八二年她在港登報尋人，再經親友幫忙下才得以重逢。

戊戌運為日主補下強而有力的重根；另外，原局與大運的卯戌、午戌合化火再來生旺日主，力足以任起局內所有異黨，但卯木官星被化，權力有限，局中主名聲的辛、酉亦因原局火太旺而無法彰顯，所以名聲亦有限。

很多習八字者以為，行重比劫運都會剋父、剋妻，這是知其然而不知其所以然，

坤造：

	辛卯
	丁酉
日元	戊午
	乙卯

大運：

1959	1969	1979
戊戌	己亥	庚子
1989	1999	2009
辛丑	壬寅	癸卯

知其一而不知其二、三、四……自己嚇自己，只怪自己學技不精，狂妄者則為別人徒添恐慌。

如要有更精確的推算，請先作以下檢視：

第一，必須檢視原局財星的旺弱。

第二，必須檢視原局傷食的旺弱。

第三，必須檢視父母宮與夫妻宮的狀況。

第四，必須檢視大運與原局交溝後的變化。

另外，原局無財並不主剋父，但無財而行重比劫運，該運再令護財的傷食受制，則與父無緣的意象方才明顯。

各種理論背後大多隱藏連環技法，讀者只要靈活變通，加以深研，則自可用「訣」於無形。

其後的己亥運，命主一直在大陸為國家出賣勞力工作。命理的原因是，己亥為一柱濕土，晦火生金去也。

大運庚子：

大陸開放，此運內結婚產子，並在香港定居，一邊工作，一邊相夫教子，活得相當辛苦，好不容易才捱過去。

乙庚合化多一重金氣，子午沖動搖根基，而子水亦令全局溫度降低及濕壞了木神。

＊一九八〇流年庚申：流產。

女命食傷為子女星，庚申年全柱食神，子女宮時柱天干的乙木受庚金所合，地支卯木受申金暗合及大運子水所刑，為有孕之應。但庚子大運已傷日主元氣，加上流年及大運的庚金兩合乙木，日主無力任起大旺的金氣，最終流產。（有關懷孕與流產的判斷，請參看本書第131頁「合化論」）

＊一九八一流年辛酉：產子。

辛酉年全柱傷官沖入子女宮，亦為有孕之應。同樣地，辛酉只洩日主之氣，無生助日主之力，所以筆者當時亦斷其此年會再度不幸流產。

坤造：

辛卯	丁酉	戊午（日元）	乙卯

大運：

1959	1969	1979	1989	1999	2009
戊戌	己亥	庚子	辛丑	壬寅	癸卯

豈料命主聽後有感而發，突然雙手合十，感謝上蒼賜她麟兒，反倒是筆者一臉迷惑。她解釋道，此年之凶險幾乎讓其母子喪命，她由於生產過程不順，中途需要轉送醫院，最後經儀器協助下才能誕下孩兒。

雖然辛酉年的金氣不如庚申年乙庚兩化般強大，但如此事後孔明等同為自己臉上貼金，筆者亦只好嘆一句「人算不如天算」。

此事亦讓筆者知道，原局戊土日元的力量較筆者估計更深厚。

＊一九八二流年壬戌：產子。

流年天干壬水合剋丁火，令原局年干辛金暫得自由。流年戊土與年支的卯木相合亦解放了月令酉金，原局的金氣在得歲運之助下再度增強。

流年戊土既合年支卯木亦合時支卯木，與大運子水齊動子女宮，而戊土自身的本性及與午、卯合化出的火氣都能生助日主任起傷食，此年明顯是添丁之應。

＊一九八六流年丙寅：手部神經手術。

好些人在患病後都會質疑上天為何要讓自己經歷苦痛，命主主動說出此年需要開刀動手術，給了筆者「果」，希望筆者能夠從中找回「因」。

流年丙火與年干辛金通過大運子水合出財氣，流年寅木與日支午火的合局大大紓緩了子午沖的壞影響，財印交碰，一來一回，流年意象表面上雖有破財損身之事，但實際卻對自身大有進益。至於手術一事，筆者未能以八字去論斷，亦認為毋須執迷於以術數方法去論斷，因為不同地域、不同時代自有不同的醫療技法。

筆者續往前上審數個流年──乙丑、甲子、癸亥，原來如此，於是斷定她的手術並非急性病，而病患應是頭部以下、腰部以上的神經疾病，患處不是頸項就是手掌。

命主說筆者的推算都對了，自從次子出生不久後，左手手掌就常感乏力，直到乙丑年已無法緊握，所以於丙寅年決定以手術治療。

命理的反映是，乙丑、甲子、癸亥都是協同庚子運來傷害原局的調候，並同時混濕了木神，乙丑年合入命局後進一步金旺木退，加上丑土晦火，所以為病患最嚴

坤造：

	辛卯
	丁酉
日元	戊午
	乙卯

大運：

1959	1969	1979	1989	1999	2009
戊戌	己亥	庚子	辛丑	壬寅	癸卯

重之時。而丙寅年實際是療癒的信息，可惜當時中醫針灸未如今天般普及，否則或許可以避免手術之事。

大運辛丑：

經過庚子運的十年拼搏，來到辛丑運，終於可以安頓下來，被派得公營房屋，孩子開始長大，丈夫收入增加，擔子已沒以前般重，兼職工作已能應付生活。

丑土雖仍然晦火，但卻沒有直接打擊原局的丁午，這反映在健康情況的不穩定。丑土一方面與酉金合化，另一方面亦能給予日主作根基支援。

大運壬寅：

身體轉差，在癸未、甲申、乙酉年反覆出現坐骨神經痛，嚴重時甚至無法下床，經藥物治療後亦未能痊癒，間或復發。

大運壬水合月干丁火得寅木助化，原局丁火用神之力變得極度疲弱，幸得寅午合化火推旺回地支印星之力，所以並沒有出現嚴重疾患。

癸未、甲申、乙酉剋洩交加，又是濕木壞身。火氣上浮，水氣下沉，天干丁火被滅，神經病的患處向下轉移。由於寅午合化火的火力尚在，病發源頭一定不在腳部，結果患處出現在腰背。

大運癸卯：

受坐骨神經痛的困擾，已多年沒有工作，只依靠丈夫的退休金生活，而身體健康仍然反覆。

癸水剋丁，但同時與戊土合出火氣，表象並不太差，但卯木被癸水所濕，更不生火，且與月令酉金對沖，激旺其官星之氣。

＊二〇一〇流年己丑（一月丁丑）：在家中清潔時摔倒。

身弱行財運遇比劫流年，主要意象是發財，但如今癸水力弱，縱發財亦是小財而已。原來命主有投注馬匹賽事的習慣，但從賭博中贏得最大的金額也不到五位數字。她忘記了巨款是否在此年獲得，印象中當年財運上的確較為順境，因為有更刻

坤造：

年	月	日元	時
辛	丁	戊	乙
卯	酉	午	卯

大運：

1959	1969	1979	1989	1999	2009
戊戌	己亥	庚子	辛丑	壬寅	癸卯

骨銘心的事發生了——在一月份的一個中午，命主於家中清潔時不小心滑倒在地，腰部受到重創，入院觀察後發現裂痕，並傷及腰部神經。

她回憶中最清楚的片段是當天為賽馬日，而當時電視上正在播放賽馬節目。

身弱走比劫的流年理應向吉，但問題是，流年丑土合住月令酉金化出金局，而運在強官，此丑土反而大大加劇了原局的傷官與官星的大戰，這比劫之來便會反映出吉（發財）凶（受傷）交雜的情況。（有關大運與流年的關係，請參閱本書第38頁「運為君，歲為臣」？「歲為君，運為臣」？）

另外，來的偏是寒濕晦火的己丑，己土剋癸水更令戊癸合出的火氣減弱，丑土又帶有化金的性質，配合流月加倍觸發，受到金、木剋洩交加、互戰下，促成意外的發生。

有調候的命局最忌遇上令其溫度突變的歲運，此是疾病或意外的警號。

之後接上的流年為庚寅，大增火神的力量，命主轉述醫生之說，認為她是奇迹地康復過來。

原局無財，如前所述，不一定貧窮，無財而忌財，更有可能成富。局喜火、土，可惜運道編排非從人願。戊戌運被安排在入運之初，雖然來得早，但總較那些一生不遇佳運的盤局多一段美妙回憶。

另外值得注意的是，自坐羊刃是傷疤破相的信號，但要斷定是先天還是後天卻並不容易，庚子運中的兩次產子及手部手術都給命主帶來刀傷，讀者不妨以此研究參考。

命主大半生從事餐飲業樓面服務工作，晚年皈依佛門，兒子又已獨立成家，生活尚無大憂，出入與老伴都有影皆雙，雖不如其他命理師所說能富通貴巧，亦算是人生大快樂也。

難得紅顏，總是薄命……

——喜神與閒神的意義，詳細分析一位意外星殞的女歌手。

習八字者常認為或被指導，行用神運一定應吉，行忌神運便一定應凶，但人生再濃縮都要面對窮通、壽夭、妻、財、子、祿，簡單的二分法再怎麼精微也不可能滿足人生各種際遇。所以有名家對八字盤局作出更為仔細的理論分析，在命局中除了設立用神和忌神外，還要再加細分喜神和閒神。

喜神一般被理解為生助用神的五行。用神、忌神、喜神之外的五行就被稱作閒神，是被判定為對命局只有極小影響力、可有可無的五行。

很多人認為，走喜神運也是吉運，只是較次於用神運，至於走閒神運則無甚起落，為平常運也。是耶非耶？

如果這邊發了大財，那邊得了末期大病，該大運與流年算是吉？是凶？是好？是壞？

如果這邊生了孩子，那邊死了妻子，該大運與流年算是吉？是凶？是好？是壞？

如果這邊升了職，那邊減了薪，該大運與流年算是吉？是凶？是好？是壞？

用神、忌神、喜神、閒神如何分配組合，才能拼湊出以上的結果？

忽略了合、化、刑、沖與五行旺衰的變化，如何再細分這類「神」亦是徒然。

喜神的名字好聽，讓人為之神往，有些人甚至認為，行喜神運比行用神運更佳。筆者不知道理論建立者的思索點與出發點，但這種由一點、一線築成的平面基礎，顯然沒有從宏觀的角度去考慮。

而最想不明白的是閒神的出現，在劃分上竟然將部分五行十神置閒，因為筆者認為在八字盤局中即使用、忌分明，但沒有五行可以乾坐在一旁完全不起作用的。如此視而不見，無異於風水上用窗簾遮擋窗外惡煞，既讓知密者啼笑皆非，亦於命理發揚上遺害不淺。

每種五行無時無刻都在運轉，每個天干地支都在互相牽引、互相作用，只是你能否看見其箇中變化而已，沒有任何一種五行可以置身局外。

即使命局中缺少某種五行，該五行都仍會對命局產生重大影響。

這種「多神論」的稱號與意義，除了影響後學者對八字盤局結構的理解之外，亦將吉凶的判斷推向機械化。

找出用神、忌神的目的只是為找出命局的入口，如果你見到一些微弱光線就誤會那是出口，你只會在八字圖陣中兜兜轉轉。（有關理論請參閱本書第26頁「用神與忌神」）

假如你學習八字多年，讀過多部經典著作，而在面對一個八字命盤時，只能夠簡批命主性情與大運向背，你便要確切檢討是甚麼左右你前進的步伐。

「八字」雖由八個字組成，但八個字並不是四分五裂地存在，而是一個組拼出來的整體。如你要觀看八字的某一面，你應是駐足在該地帶，而不是將那標示抽出來獨立欣賞。

「八字」在加入大運和流年後，就會加建出全新的外貌，有時甚至會變成另一個整體。

能斷準大運無疑已經非常出色，但何以有人會出現大挫敗、大破財，甚至魂斷於美好的大運中？而且很多時愈強勢的大運，突然而來的破敗亦隨之愈大。

二〇一三年，香港新晉女歌手自駕身亡，按傳媒公佈她的出生年月日起出的命盤，無論是哪一個時辰出生，她在二〇一三年都肯定不在交脱運中，這或許能免除不少人認為意外多在交脱運中發生的迷思。

明顯地，該女歌手正處於上升的事業運中，一般命理師作出錯誤批算的主因是，他們常被大運的好壞牽着走，看輕了流年突起的變化，從而影響到對流年吉凶的判斷。

二〇一三年是癸巳年，是很容易干支同時化火或化水的年份，只要命盤中同時有戊及申，便會加強了水火相濟與對立的矛盾性，必然在某些月份發生或大或小的意外之事，至於孰好孰壞，當需參閱全局。

筆者不直接認識這位女歌手，但根據她這兩三年在公開媒體的表現，以及能在互聯網上查得的資料，其出生時辰應離不開寅、巳、午、未這四個時辰。

命主曾暗示有過不愉快的戀愛經歷，而當中能與此事直接有關的主要是寅、午、未時。有出眾的外表，在甲辰運中能就讀於著名中學，並於在學期間多次在課外活動中取得獎項，顯然能與之吻合的只有寅時。

命盤排出如下：

坤造：

	正印	正財	日元	七殺
天干	丁	癸	戊	甲
地支	卯	卯	午	寅
藏干	乙 正官	乙 正官	丁 正印 己 劫財	甲 七殺 丙 偏印 戊 比肩

大運：

1995	2005
9歲	19歲
甲 七殺	乙 正官
辰 比肩	巳 偏印
正官	比肩
正財	食神

部分習命者看見此命盤時或許會覺得很奇怪，因為原局無金，而且大運亦無真金，因而懷疑筆者立論的依據，但只要能對「無」有更深入的了解，便會明白為何不論取庚申時或辛酉時都無法合理解釋此命的人生發展。

局中整個氣勢偏向火旺，一點癸水被合，癸水不成癸水，但戊土仍然是戊土，而寅午合火，寅木依然尚有作為寅木的本性。（有關更多合化的理論，請參閱本書第131頁「合化論」）

日主雖失令，但此局衡量整體得失後仍應以身旺論。有命理學者主張獨專月令，特別是月令五行透干的命局，應選擇以月令的身份去決定全局的身旺弱。但筆者保留沿用傳統技法，以全局整體干支相互間的生剋制化去判斷。

月令與各干支最大的分別是力量的強弱與多重身份的複雜性（有關理論請參閱本書第131頁「合化論」），如將月令視為單一個體並將其絕對性化，命局的切入點便會出現局限。

春天戊土身旺、火旺，最宜用財星水，既能破印，又有調候之功。

局中以木神為事業進退的關鍵，卯木官星當令無傷，旁得比肩之助，雄渾有力。命局忌在火太旺令木神洩氣甚深，如能得水之助，救局亦救木。說得再明白一點，當以水為用來綜觀全局，便會發現此局的人生光輝及着眼點都放在事業成敗之上。

很多初學八字者都以為從事演藝工作的人須命帶傷食，甚至一廂情願地相信，

出色的歌藝者必定以金神及傷食為用，這主要是出於對人性了解的偏狹，以及對五行變化流轉的誤解。

能長久站於舞台而不斷自我督促改進者，必然重視紀律，演藝行業極為講求合作與巧妙的競爭，沒有適當的官殺如何能管制自己及打倒對手？將同業一一擊敗又怎會不出名？

坤造：

丁卯	癸卯	戊午（日元）	甲寅

大運：

1995	甲辰
2005	乙巳

原局無金，不論喜忌，基於「五行少者必貪」的理論，必然極為深愛及貪戀以金為意象的事物。金為命中傷食，主自我表現、外洩才華；金又為聲音、音樂，以此更能印證她是真心喜愛音樂。除此之外，學校劍擊隊成員的身份亦展示了與金五行的微妙關係。

雖然原局火旺，但由於金神無明現於局中，並不直接受火神所傷，所以屬金的聲線及以此為意象的事物能保存完好。

大運甲辰：

就讀著名中學，為學校劍擊隊及合唱團成員。在學期間多次參加劍擊及歌唱比賽，二〇〇三年奪得團體獎項，二〇〇四年奪得個人獎項。

甲辰運的辰土發揮了多重作用，不單合出了寅卯辰木局，同時為日主補了重根，不致因新合局的出現而突然變得過度虛弱。官殺主功名，有力任起之時方能得顯，甲辰運令木、火、土俱通根有力，過了一個開心快樂的學生時代。

官殺同時亦代表事業及學業，與印星及年月柱合參為工作及學習的場所，如各方配置理想，便會就讀或就業在一些較知名的學府或機構。

＊二〇〇三流年癸未：在全港重劍比賽中奪得團體冠軍。

原局因大運甲辰而輕微轉弱，得流年癸水與日主戊土合化多一重火，未土為日主補根之餘，再與午火合出火土重新助旺日元，足以任起了未土與原局卯木合出的官殺局。

＊二〇〇四流年甲申：在全港重劍比賽中奪得個人亞軍。

流年申金的出現撞散了寅卯辰木局，令辰土更專心一意去生助日元，讓日元有力去任起眾多已散落了的木神。

坤造：

	丁	卯
	癸	卯
日元	戊	午
	甲	寅

大運：

1995	甲辰
2005	乙巳

大運乙巳：

展開歌唱事業，初踏人生高峰，可惜不幸中途星殞。

乙巳運乙木雖能剋土，但坐下巳火再進一步令局中火勢加旺。乙巳運其實不如甲辰運，全因個別流年巧遇風雲才能星光照面。

＊二〇〇五流年乙酉：在歌唱比賽中奪得冠軍。

乙木剋土，酉金基本生水之餘還有兩項工作，一是與卯木對沖，二是合住大運巳火。酉合於巳火則沖木之力不大，金局無透被羈絆無以制木，局中官殺力量大大提升，流年得獎自然合符命理。

＊二〇一二流年壬辰：獲獎、出唱片、開音樂會。

《滴天髓》說得明白：「火熾乘龍」，再旺的火遇上辰土亦會有所收斂。壬辰流年提供源源不絕的水，既是用神透干，又解去局中多個毛病，命主定有揚眉吐氣之感。

天干壬水——

一・剋丁火

二・與丁火合化多一重木局

三・比助癸水

四・生甲木

地支辰土——

一・晦火

二・養木

三・作為水庫讓壬水源源不絕

四・作戊土的根

五・令癸水有根，減弱合戊土所帶出的化火之力

天干的壬水令木神秀發於外，是木神讓命局得到事業上的成就，壬水只是誘因。極重要而又容易為人所忽略的因素是地支辰土的作用，原局雖身旺，但面對突然旺起的水、木，如不是地支遇強根是無法任起的，否則只是充滿新挑戰，壓力繁重，最後失望而回的一年。

坤造：

丁	卯
癸	卯
戊（日元）	午
甲	寅

大運：

1995 甲辰
2005 乙巳

＊二〇一三流年癸巳：完成人生使命。

天干癸水——

一．剋丁火

二．與戊土合化多一重火局

三．生甲木

地支巳火——

一．令流年癸水失根

二．作丁火的根

三．生土

四．給予戊癸之合多一重催化，大大加強局中火力

癸巳年癸水本質是陰水，原為命局所喜，所以外在事業仍然向好。但問題是，這點癸水無根，不單反助火旺，更合住日主戊土，通過大運巳火、流年巳火多重引化，重重化火，剩下的木神無以為助，協同全面生火，全局一片火海，再待流月天干作引，破局無救。

此點癸水可理解為先成後敗或因成得敗，意外發生的因果亦間接顯示了這種敵友立場的互換。

很多人認為，行好運的時候就會事事順利、年年康泰，但連有命理根底的人都有此結論則難免令人喟然長嘆。

天有不測之風雲，人有旦夕之禍福。禍福無常，但不一定都是人自招的。意外多是由用神變忌神觸發的，有時防不勝防。

寅、申、巳、亥為四驛馬，交通意外與這組地支經常扯上關係。至於命局中的以火為忌及寅巳刑是否一定與自駕有關，又是仁智之見的問題了。

沿途風景雖然沒有為你而停下，但你所帶來的一切卻令世界更添色彩。

祝願在另一邊的你活得愜意。

何處覓郎君？（一）

——展示與分享斷女命姻緣的技法。

隨着社會進步，男女的角色在各方面愈來愈平等，在各行各業中，很多女性都能擁有成功的事業。

科學研究顯示，女性的思想比男性早熟，學習速度較快，處理人際關係又較圓滑，而且少有男性那種因過度自信、錯估客觀形勢而導致失敗的局面。放眼世界，民主開放的社會都會讓女性直接參與領導層的工作，有些國家更容許女性擔任最高領導位置。

女權抬頭似乎讓男女強弱的次序受到考驗，但亦確實促使世人對於一些一直被忽略的社會問題多了一份關注，而且能讓我們重新思考兩性既對立又統一的關係。但單從上天賜予女性的外表來看，相比起男性是明顯出現折讓的。歲月留痕，留在男性面上的是魅力的標記，留在女性面上的是失去滋潤的警號。

水果是成熟的美味，但蔬菜還是取嫩的好。

女性的生理構造讓她知道自己沒有 holding power，持有時間的長短直接決定價值的多少。

另外有些事情，特別是懷孕及生產的過程，年長女性所需要付出的精神與體力，跟年輕女性遠不成正比，問題嬰兒的比率亦會隨着孕婦年齡而逐年遞增。

此之所以，很多女性將身體最美的時光放在尋覓伴侶上，她們視找到理想另一半為畢生最重要的事業，以盡快「繁殖」下一代為人生最大的任務。

青春雖然短促，但部分現代女性寧願將光華散發在工作上，不懈地為自己可見的「麵包」奮鬥，將不穩定因素太多而又虛無飄渺的愛情暫置於後。

亦同樣因為青春不留人，有些則將「活在當下」理解為把握時間放浪地滿足自己，選擇揮霍最耀眼的一刻來把弄裙下之臣，將烈焰紅唇狠狠地永遠烙在對方心中。

八字中以「剋我」者為官殺，同陰陽的為七殺，不同陰陽的為正官。

七殺的基本性質比正官暴烈得多，但若要有更深入的了解，必須要充分掌握各干支互相對應的特性。舉例如庚、甲及辛、乙的關係，兩種木神雖同樣分別受七殺所剋，但其中隱含的信息就已有莫大的分差。

官者，管也，官殺代表事業、管理能力、權力，而這個管理能力和權力，是傾向於人對人的。即如能任用起官殺，就有任用人才的本領，如盤局配置理想，更有實際執行的權力。

傷食與正偏印在八字學術界中一向被認為是智慧的表現。撇開它們之間的分野不談，筆者認為官殺是一直被遺忘且最具攻擊性的另類智慧。

官殺所表現的智慧是關乎人性的領悟，是存活主義的、是切身利害的、是對人性有深切體會的智慧，可以說大概是控制人性的手段或技巧，現代術語稱之為「政治智慧」。

我們可以想像，能居高位而不倒的，又豈是只管低頭做事之輩。

如果將傷食比作「為人謀」不可或缺的因素，那麼官殺就是「為己謀」的中堅分子，而官殺加正偏印的組合更是城府莫測高深的典範。

至於傷食加官殺，則會拼貼出威力無窮，但又矛盾之極的組合。

「傷官見官，為禍百端。」

「食神制殺，名揚天下。」

有些口訣無疑是可以方便記憶，增加樂趣，但既然説得上是「訣」，那必然經過壓渣濃縮，在有意無意間隔掉了某些不應及不能被忽略的部分。

八字或斗數上所謂的「訣」，很多時都需要特定的條件配合才算完整，而那些特定的條件卻往往未有明言。未明言的原因可能是出訣的人故意省略，又或是為了遷就文體格式而造成的，當然亦不能排除他們自己也都忽略掉了。

例如上述兩訣，要應驗如斯，重點反而不在局中的傷食與官殺。

六親人物方面，不同流派的觀點有些微出入，分歧主要集中在男命，個人經驗以官殺為男命的子女。

女命基本已毋庸置疑，皆取官殺為夫星。以正官為丈夫或穩定的男朋友，以七殺為情人或不正常的戀愛對象。

如其他六親星一樣，該星不現於原局，不代表無該六親；該星重複出現，亦不等於該六親一定多於一位。

女命無官殺不一定無夫，官殺多亦不一定代表多夫。

女命無官殺主要帶出的信息是夫緣淡薄。夫緣淡薄可以是與夫聚少離多、與夫感情平淡，又或丈夫身體健康不佳。實際嚴重性當然優先參考原局傷食的位置與分量，繼而察看其他十神的配置以及大運流年的助抑。

女命官殺多的主要意象是男性緣多。

大家應該明白，男性朋友多不等同親密男朋友多。但由於女命的官殺代表伴侶，所以夫宮是否由夫星所佔便極為影響命主對男女關係的處理。

官殺剋身，官殺多的命，日主便較容易身弱，如局中無適當的制化，命主更有很大機會受到男性的欺凌，這時候，大運流年便飾演天使與魔鬼的角色。

經驗所得，在同一家族中的兄弟姊妹、甚至是堂或表兄弟姊妹，只要是成長關係密切，生活模式接近，如大家性別一樣，他／她們的命盤會出奇地相似。相似的地方有時是大運的走勢，有時是五行十神的喜忌。

以下將會提及的是筆者在二〇一三癸巳年初於雲南碰到的兩個命例，這兩個命例正好是其中一種「氣基互感」的反映，她們的命盤為習命者提供了有趣而難得的學習材料。

* * *

叨師父的光，筆者在寺廟客串替人算命的消息竟然給傳開了。在一個陽光和煦的清晨，筆者睡得正甜，房外突然傳來眾人高談闊論的聲音，迫不得已起床看個明白。發現一行六、七人，看上去老、中、青三代由二十多歲的青春少艾到七八十歲的白髮老翁都在。其中有找師父看病的，有冒名找筆者算命而來的。

筆者還沒將睡眼張開得清楚，頭髮蓬鬆，衣履凌亂，臉上的眼鏡才穩定下來，便聽到來人向師父問道：「就是他??」

筆者的意識還未集中已感到氣往上湧，正要看看是誰有求於人還好意思如此不禮貌，便發覺映入眼簾的人，是筆者在雲南騰沖市內見過最美的女孩。筆者盡力按下翻湧的情緒，定神回應道：「早上好。」

旁邊坐着她的姨母及親生母親，我們一眾閒聊過後，姨母首先提問有關她自己女兒的前途問題，命盤如下：

坤造：

	正官	傷官	日元	正官
天干	戊	甲	癸	戊
地支	辰	子	丑	午
藏干	戊 正官 乙 食神 癸 比肩	癸 比肩	己 七殺 癸 比肩 辛 偏印	丁 偏財 己 七殺

大運（現運壬戌）：

1994	2004
7歲	17歲
癸 比肩	壬 劫財
亥 劫財 傷官	戌 正官 偏印 偏財

命主人在他鄉，在廣州工作，筆者與她緣慳一面，所以無法輔以面相參考。

閱盤後，筆者第一個反應是，工作是後話，要緊的是姻緣問題。

姨母不以為然，筆者便嘗試隨盤局透露的信息與她確認。筆者說她女兒本身長得漂亮，自幼不乏男性緣，不單男性朋友多，談戀愛的對象亦多，而且一個接着一個，從不間斷。

癸水生子月，建祿生人，且子水與年支辰土多化一重水，得令復得重根，甚是身旺。但滿盤官殺，時干戊土合住日主，月令子水又再與日支丑土多化一重土，癸水雖有力亦一時難敵重土困身，為身弱之局。（有關更多合化理論，請參閱本書第131頁「合化論」）

命局的第二重點是月干傷官甲木的身份。

甲木生於冬月，有一點微根於辰土，又得子水直生，偏向寒濕。但原局土多，且時支午火總算有丁點温度蘊存，縱不能有大助於調候，亦至少能讓眾土回温，未致水泛木浮。

木無金剋，得生得助，在局中的力量不容忽視。

另外，印星入墓坐夫宮、夫宮一邊合子水，一邊與午火相害亦是值得注意的地方。

姨母回應説，女兒自小朋友都以男性佔絕大多數，所以經常擔心她與女生合不來，但卻沒有發覺她有任何戀愛迹象。

語音未落，坐在一旁正聽得入神的美女表妹已急不及待指正：「姊姊早就與人走在一起，初中已有男朋友了，男朋友都已經不知換了幾個？只有你不知！」

坤造：

	戊辰
	甲子
日元	癸丑
	戊午

大運：

1994	癸亥
2004	壬戌

年柱代表早年，官殺滿局又整柱官星排在年柱是早年男性緣多的信號。要任起這些男性緣便要旺起日元，第一柱大運癸亥幫身有力，又合入夫宮，不是情郎滿地又是甚麼？

姻緣不能持久是因為月干傷官甲木。癸亥大運幫身之餘，亦大大助旺了甲木。官傷大戰，豈還能守得安穩？

一家數口喧嘩一輪後，姨母急問現況如何，她現單身在廣州工作，甚麼時候才能覓得如意郎君？

單身？壬戌運如何單身得了？

剛過的壬辰流年最多是感情障礙，原局坐殺透官，大運流年的官星俱與夫宮互動，混亂不堪，筆者還未理清思路，表妹已按捺不住，將表姊正為麵包與愛情而發愁的事娓娓道出。

原來命主正陷於多角戀愛，較為相好的有兩位男士，一為富二代公子哥兒，一為普通上班一族，聽來與電視劇的橋段無異。

筆者表示，命主會傾向喜歡上班族那位男士，但又離不開富二代，而且看來並不急於抉擇，還自忖應付得來。

表妹確認表姊的情況着實如此，而且還好像樂在其中。

原局無印化官殺，日主及傷官皆有力，雖身弱，但仍應以傷官為用。比劫與傷官掛鈎會表現出自信任性，大運一路幫身又生傷官，自然快樂無憂。

年干上與時干上的戊土都在壬戌運找到重根，郎君都出現在命主眼前了，是否「如意」則未置可否。

以年干戊土立極，年柱戊辰全柱同氣又多一重子辰合出的財氣，戊土有力可任財，是富公子，但遭甲木相隔，欲合日主而不得。（有關換位立極的思維，請參閱本書第32頁「身旺與身弱」）

時干上的戊土，得午火相生，與日主貼合催化，又能為原局提供溫度，情之所在也。

坤造：

戊辰	甲子	日元 癸丑	戊午

大運：

1994	2004
癸亥	壬戌

姨母焦急了，問及如何是好，如何能將多餘的桃花砍掉？

筆者心裏盤算，時干上的戊土表面上是合日主無疑，奈何日主偏坐七殺。

筆者將頭拐過去師父那邊，並苦笑與師父對望着：「砍桃花我不在行，看看師父能否幫得上忙？」

何處覓郎君？（二）

——展示與分享斷女命姻緣的技法。

清晨的一道茶特別芳香，這邊筆者才呷下一口稍事休息，那邊美女表妹的親生母親便連忙敦促筆者為她女兒推算真命天子何時會出現。

親母坐的位置比較後，而且一直少有發言，這次「挺身而出」的表現明顯是為女兒着急了。美女表妹頓時不知所措，看得見在薄施了脂粉的雙頰上竟也泛起一陣紅暈。

此時，美女表妹問筆者是否也懂得姓名學，這句話看來是她腦袋急轉彎後用來解窘的，筆者亦不忙答道，姓名是不能離開八字先天規限的，既知八字，理當參考八字為上。

美女表妹的命盤如下：

坤造：

正官	食神	日元	正官
己巳	甲戌	壬戌	己酉
丙 偏財 戊 七殺 庚 偏印	戊 七殺 辛 正印 丁 正財	戊 七殺 辛 正印 丁 正財	辛 正印

大運（現運丁丑）：

1992	2002	2012
4歲	14歲	24歲
乙亥 傷官 比肩 食神	丙子 偏財 劫財	丁丑 正財 正官 劫財 正印

傣族近雲南，不知美女表妹家族是否曾與之種下姻緣，她一身黝黑肌膚，身高介乎一六〇至一六五公分，體型略瘦，前額高廣飽滿，眼大鼻高，仰月嘴形，一副標緻美人兒的相貌，假如被你在泰國碰到，你會以為她是當地美女呢！不懂算命者都知道，美女必然追求者眾，哪會擔心缺乏男性緣？

命盤打開，一目了然，與其表姊的命盤簡直是日月相輝，佈局之相似尤如鏡照倒影！

正要讚嘆之際，其親母已急不及待說出，過去曾三次為女兒安排相親事宜，可惜最後都不了了之。

人在跟前，盤在眼前，筆者難以相信此美女、此盤局竟要藉相親找對象。

如前文「何處覓郎君？（一）」所述，或許是「氣基互感」的關係，出生在同一家族、擁有同一性別，而成長關係密切者，都容易出現相近的命盤，筆者馬上提起精神查看其中的分別。

壬水生於戌月氣弱，又是滿盤官殺，全局得一酉金自黨生身，毋須深究已可斷定為身弱。

甲木位置相同，身份也沒多大改變，只是由驕縱強傲的傷官換成傲性內斂的食神，但在局中的作用卻是天淵之別。

甲木在戌月已然力薄，再受己土所合，多化一重土神，甲木在此局是助土遠多於剋土。

有趣的是，從甲木的情況可以看出，命主的下一代同樣難敵情愛的困擾，英雄始終難捨美人懷抱。

坤造：

己	甲	日元 壬	己
巳	戌	戌	酉

大運：

1992	2002	2012
乙亥	丙子	丁丑

年支巳火暖局之餘，再將土力加大。原局土多勢眾，日主無根，全賴酉金化官殺來生身。

酉金生於戌月，旁無剋洩，最理想的是，其位置佈在最隱蔽的一角，力厚而難傷，此局是「眾殺倡狂，一仁（印）可化」的極佳例子。

大運乙亥、丙子都是旺身之運，怎可能沒姻緣？所以筆者便肯定地對命主及其母指出，男友雖沒表姊的多，但總是不愁，出席相親活動只是為了迎合母親的要求罷了。命主跟表姊的最大分別是，對伴侶有嚴格的篩選。

美女表妹聽得發呆，現在她不得不承認自己曾有過三、四位男友，只是因為認定對方沒有錦繡前程而分開了。她希望可以盡快投入新戀情，便問筆者應往何方找尋其真命天子？

方向這東西總是惱人，因筆者一直認為，大運流年說明會出現的，他自然不會躲起來。筆者見局中用神酉金能化官殺為己用，便隨口說可試着往西方摸索。

豈料這群聽眾仿若受驚，立刻起案討論，原來雲南以西已是中國境外，是少數民族聚居之地。筆者見事態不妙，馬上糾正他們的議論，說明西方的意思可以是住屋處的西方，或是辦公室的西方，甚至只是辦公桌的西方，不用過分在意。

姻緣的事，是有強求的份，但更多是天意的安排。

眾人疑色未退，筆者便再加股勁——

現運丁丑，日柱天合地刑，巳酉丑三合金局生身，命主必能遇上合意的伴侶，婚嫁之事定將於運內發生。

大夥兒聽後才能稍事釋懷。

寺廟的伙食除了齋菜外，還是齋菜。筆者打開從香港帶來的曲奇，自顧自地一塊又一塊放進口中，伴着熱茶，煞是美味。

此時，美女表妹放下情愛，問及工作事宜，提到自己是公司管理層，自壬辰流年開始直至現在，工作發展都不甚理想，與同事多有爭拗，是非不斷，望有平息之道。

坤造：

己巳	
甲戌	
壬戌	日元
己酉	

大運：

1992	乙亥
2002	丙子
2012	丁丑

壬辰、癸巳皆合住酉金不化，酉金被羈絆，化官殺之力當然頓減。官殺肆虐，命主便會嘗到官殺不良的一面。幸好酉金深藏於時支，雖受合而未有改變作為印星的本質，否則更有傷及身體之險。

所謂「樹欲靜而風不息」，流年不利，如轉化不了是非閒言便只好忍耐。今日受創時對外的一言一行，說不定會演變成將來順境時的推進器；反之，亦可以成為窒礙你前行的絆腳石。

真正聰明的人，在贏的時候不會贏盡，並在輸的時候留有翻身的伏線。

事業與愛情均是很多現代女性渴望同時擁有的兩塊寶石，但很多女士在事業闖上高峰之時，愛情卻在低谷徘徊。當樂得愛情得意，又苦無事業點綴。

官殺一體兩面，女命的事業能否與愛情並存，原設定確是值得讓人深思玩味。

年輕的出家人

——展示與分享五行、宗教、教徒之間的關係與技法。

佛教、道教、天主教、基督教都是中華民族的主要宗教信仰（排名不分先後），當中除了道教是源自我國，其餘都是由外國傳入。香港是宗教自由的地方，無論你是否認同宗教的理念，既成長在宗教大熔爐，或多或少都會對宗教有點認識。

宗教從沒間斷地與玄學術數互相拉扯，在保守的中國如是，在開放的西方國土亦如是。筆者無意亦無能力深入探討各宗教的教義與本質，雖然有學派反對宗教對玄學術數的介入，但假如你一直無法突破自己以往的層階，增加對各宗教的認知或許會為你帶來意想不到的正面效果，你不必認同，但至少你毋須拒絕。

在很多命理家與習命者的心目中，各宗教都有其五行所屬，例如佛教屬火，道教屬木，天主教、基督教屬金等，他們認為宗教的五行是來自地域的分佈，但筆者相信，理論上所有宗教都應該超脫五行的掣肘，五行的表現其實只演示在普遍教徒的體性，宗教歸屬特定五行是過往誤將本末錯置的結論。

火主能量散發、耐性、虛幻、無實體。

木主仁德博愛、生命、連結、傳承。

金主閃耀、剛斷、分散、獨立。

（習命者宜先明白「主」的意思，因為實在有太多人錯解。主，意為主要意象，並非「等於（＝）」。例如，火主能量散發、耐性，即已涵括了能量散發與不散發、有耐性與沒耐性的意思。）

當你重新以下列的方向再檢視各宗教的教徒體性，你便會明白宗教與五行的因果關係。

佛教中的小乘、大乘、密乘與能量擴散及集中，以及「空」與「無」。

道教中的煉丹、完善生命與師承，以及所謂的「不仁」與「無情」。

天主教、基督教中的單向崇拜與閃耀，以及唯我獨尊。

所以，一些命理師基於判斷命盤缺乏某種五行，而去鼓勵命主信仰某種特定宗教，其實很大程度上都在倒果為因，因為若是信仰者不能成就該五行體性，根本就不會產生效果，更可能因吸收及營造了不適當的五行而弄巧反拙。如果不理清這個概念，當初採納特定五行的目的便失去意義了。

筆者是土生土長的香港人，所見所聞始終會局限在香港的角度，不同文化背景都會影響教徒的體性，此之所以，宏觀來看沒錯是有踏實的依據，但對各宗教中的支流難免會有少許落差。

宗教信仰反映了個人與社會的價值觀，在一個宗教自由的國度裏，你是甚麼人，你就會有甚麼宗教取向。或倒過來說，甚麼宗教能夠吸引你，你就是甚麼人。

大部分人都應該沒有帶着特定的宗教背景出生（那些自稱或被稱為西藏活佛，或身帶聖痕的人除外，但他們是天生自我感悟還是「被教育」就不得而知了），我們的宗教信仰主要是受後天成長環境如學校教育、父母親屬、師長或朋輩影響而建立的，但到底是緣分還是「神」的引導，看來科學家要加把勁了。

大多數有宗教信仰的人都希望從宗教裏頭得到正面助益，因為宣揚宗教的人士都相信，宗教的最高力量能給予你所想所需。

十神中，通常以印星代表宗教，因為印星為「生我」者，帶有給予、保護、照顧的意味，但如要有另一程度的理解，你便要知道，一些宗教支流並不強烈帶有這份由上而下單方面的施予，及一些宗教信徒並不以「受生」的角色去信仰宗教，若此時你仍以印星來理解宗教，印星就會「失效」。

筆者相信，每一個有宗教信仰的人在某程度上都是一位「求助者」，有些後來或許會演變成「施予者」，但並不代表因此而改變了求助的角色，只是同時擁有另一個身份罷了。

很多宗教說穿了都是以激勵方式來吸引信徒，以來世的好命、死後的美景來鼓舞及約束現世人的所作所為。「好心好報，成仙成佛，上天堂，下地獄」，不一定需要與金錢或物質掛鈎，得到超脫的精神面，才是令人死心塌地追隨的不二法門。

有多少人是單從通過了解宗教教義之後便產生信仰宗教的念頭？在香港，如果是天主教或基督教的教徒，都能增加入讀知名學校的機會，所以很多父母在小孩入學前都會與子女一同先「拿取」信仰，這便是其中一種離開印星管理範疇的情況。

宗教已然「理性」地滲入大部分人的精神層面，但我們不會視一個有宗教信仰的人患有精神問題，諷刺的是，他們現實生活的困難有多大，他們的信仰就有多深。

宗教會引發你去強行思考和發掘人生問題，但解決的是「誰」？要將問題解決，便要有踏出「下一步」的勇氣。

本命例的命主在二〇一三年滿二十四歲前、正準備開展人生實踐期的時候，毅然正式落髮出家，筆者難得有緣親眼看見其簡單而莊嚴的出家儀式。

命造容後分析，先介紹命主背景——

命主出生及成長在中國山東省內一條幾乎被世人遺忘了的簡樸農村，剛大學畢業不久，便跑到寺廟出家修行。

他心繫佛教，自幼茹素，討厭葷菜，害怕殺生，連蚊子也不會打死一隻。但他母親卻是虔誠的基督徒，父親為無神論者，他自己也解釋不了與阿彌陀佛的緣分。在這種三教鼎立的氣氛下成長，哪會活得舒適？所以命主與父母的感情及關係只是一般。

命主皮膚黝黑粗糙，身高在一六五至一七〇公分之間，體型骨格以傳統北方人標準來說，明顯偏瘦。但頭形卻方圓而偏大，枕骨上方明顯低陷，腮骨橫張有力，雖未能承傳山東雄偉魁梧的身驅，但氣宇間仍不失為一個真漢子。

頭大的出家人雖非罕見，但以筆者經驗，頭大傍及佐串骨形見而年輕的出家人則屬稀有，這些都是筆者未閱盤前在心中打下的底子。

當命主得知筆者有習玄學命理後，便好奇地問及他的自身問題，筆者當欣然為之解答，畢竟要得到真正出家人的命盤並非易事，筆者至今亦只有兩個案例，亦由此可證他凡心未了。

乾造：

劫財	正印	日元	比肩
己	**丁**	**戊**	**戊**
巳	**卯**	**寅**	**午**
丙 偏印	乙 正官	甲 七殺	丁 正印
戊 比肩		丙 偏印	己 劫財
庚 食神		戊 比肩	

大運（現運甲子）：

1993	2003	2013
5歲	15歲	25歲
丙寅	乙丑	甲子
偏印	正官	七殺
七殺	劫財	正財
偏印	正財	
比肩	傷官	

2023	2033
35歲	45歲
癸亥	壬戌
正財	偏財
偏財	比肩
七殺	傷官
	正印

戊土生於卯月猶寒，比劫出干，而坐下的寅木由於丁火透干下，在很大程度上已與午火合化成火了。其餘的丁、巳都是助旺日元之輩，命造身旺無疑。

「支成火局，不見壬癸，僧道孤貧」，《窮通寶鑑》已率先將二月戊土的玄機洩露。

戊土支成火局已難身弱，不見壬癸，即不見財星。男命無財星理應物欲與肉慾皆不強烈，身旺無財更是窮命的經典，敵不過孤貧而成僧道，表面證供成立，但世事人間又豈止一條公式。

看身旺的男命，必要先視察其原局財星的分佈與旺弱，此造連藏干餘氣都無一點財星，是為命局的最大特點。

財星水神既可破印，又可調候，一物二用，但原局無水，只好靠月令卯木破土為次用。既用官星，官星又處月令無傷無破，力厚而純，自身性格必然剋己甚嚴。

但另一方面，原局無財而偏卻用財，心底反而欲望無限，只是強官制身有力，未致熾慾焚身滅頂而已。

看罷原局，未及開口，小僧已然急不及待問筆者他跟宗教、神通、氣功之類的

乾造：

己	丁	戊（日元）	戊
巳	卯	寅	午

大運：

1993	2003	2013	2023	2033
丙寅	乙丑	甲子	癸亥	壬戌

神秘學是否能接上緣分，並詢問其潛能如何。

其實在為他批命之前，他已曾談及修煉氣功的經過，更說自己走過一些彎路險些走火入魔，而現在已經氣通小周天，所以這個問題等於問筆者是否認同地球是圓的。

難得有緣，筆者怎會敷衍了事？八字五行當然可以看個究竟，他板直腰耐心聽筆者一一道來。

土主信，這個「信」不單是對人忠信的信，亦是對理念的忠信。對宗教的理念忠信，就是宗教信仰。土日主、命盤土旺或以土神為用的人便特別容易對神秘學產生濃厚興趣，亦特別容易投入宗教活動。

印星本有守護、庇蔭、宗教的意味，而火跟印星都同時代表舊時代及傳統，原局屬火的印星壯旺，所以無論對人與事的理念都傾向保守傳統，而且傾向守恆專一。

在中國有悠久歷史的宗教主要是道教與佛教，道教徒屬木，佛教徒屬火，兩教都有論及氣功與神通，看來小僧修煉氣功是宿世修來的淵源也。

小僧頓感開懷，但卻意猶未盡，問道能否有朝一日曉得神通。

這一問讓筆者為之一愕，雖然知道無數修行者為追求神通而捨棄世俗情慾，但神通一事，不是應該隨緣而遇的嗎？筆者立刻反問他要神通何用，他答神通可以濟世助人，並說出某些人士的神通厲害非常，人皆羨之，仰慕者眾，霎時顯露出無比渴望的神情。

筆者自問閱盤與推命的經驗不少，但能否啓發神通的問題倒還是第一次遇到，便隨即審視其往後運程，赫然發現命主在不久的將來會遇上全柱財星大運。

原局用財而遇財，又合入妻宮，滋潤了燒成火炭的寅木。

筆者說他會碰上一生難得的財運之餘，亦同時會碰上一生最愛的女人。

他聞之躍然，腼腆地告訴筆者，他本就想着給自己十年時間出家修行，冀求修得神通後，將來還俗娶妻時亦可以不愁生活。

筆者聽罷，半刻不能反應。筆者沒資格批評他的想法恰當與否，如你相信前世今生之說，這個前定的命與運想必是佛祖安排給他在修行路上的最大考驗。

佛的意思又為「覺」、「悟」，但何為「覺」？何為「悟」？為何要「覺」？為何要「悟」？

信佛的人是為覺、悟而信佛？還是為得到各樣人生的利益而信佛？是為自己覺、悟？還是為眾生覺、悟？

其實，有多少信佛的人知道，佛的意思又為覺、悟……

世上有眾多不同的宗教，筆者相信，任何於現世蓬勃而又歷史悠久的宗教都必有其可取之處，是否要在心智還在萌芽的青少年階段就要立定取向？

再怎麼強調包容的宗教都帶有排他性，只在於這種排他性具有多大的攻擊成分而已。古今中外，現實與歷史多次告訴我們，不同信仰所引發的戰爭是既龐大又慘烈的，而且難以絕對根絕。

人心依賴宗教，宗教被利用於政治，政治控制人心。

太年輕便有濃厚的宗教信仰或會狹窄了人生視野，部分人隨着歲月的增長才發現井外有井，大腿肌肉可能已經老化得不聽使喚，如禁不住外界誘惑來個縱身一跳的賭注，即使能憑剩餘的巧勁未致粉身碎骨，亦無法避免跌撞得體無完膚。

筆者多次在不同宗教的大門口徘徊，這十多年間由無神觀到一神觀，又再到多神觀，繼而現在不知是否應以「神」去形容這種超自然力量，或許宇宙的本源就是老子所謂形而上的「道」。

筆者不知道將來這個想法會否一次又一次地改變，亦不肯定這個想法是進步了還是退步了，但筆者相信，有時拐圈子比走捷徑來得更有意思。

近年已有人積極嘗試將不同宗教融合一起，認為不同宗教的根源都是殊途同歸。要證明是真知灼見還是譁眾取寵，看來還有漫漫長路。

上帝不在教堂，神佛不在廟宇。

祂們都是無處不在。

時空八字與直腸癌

——展示與分享時空八字的運用與斷病技法。

世間上的占卜方法很多，各地文化差異形成不同種類的占卜，隨便舉例：文王卦、塔羅牌、撲克牌、六壬、奇門遁甲、求簽、水晶球、測字、靈鳥、扶乩、碟仙、筆仙……

占卜種類從來不缺，方法過程有繁瑣、有簡單、有宗教式的、有超自然的，如果你認為占卜很迷信，那占卜就是很迷信。

有人認為，占卜前需要遵守特定的戒則才可以進行占卜；亦有人認為，占卜方法中的步驟愈有條理、愈有複雜的規律，結果便愈靈驗。

如果真是這樣，我們只要保留一、兩種占卜方法就可以了，何須這麼多種類來亂人耳目？你敢取笑在寺廟裏搖竹筒的信眾嗎？

占卜不像祿命術中的八字及紫微斗數等能長居領導地位。在占卜界中，從沒有一種占卜技法能長期「雄霸」市場，因為占卜界着緊的，是行進的潮流。

要占卜準確，並不在乎方法程序，只在乎主動占卜者感性的心念及被動解占卜者存乎於感性與理性平衡的智慧。兩者可以是不同人，可以是同一人，可以是一眾人。「象」出於自然，「心」動於偶然，當你明白我們與大自然的連動關係，頭上飛過的蒼蠅都已足夠提供占卜的條件。

這次筆者在黃昏時份隨師父下山到一處平常農村人家，師父是在村領導的介紹下前去為人看病，而筆者只是為了逃避漫山荒野的鬱悶而選擇同行。

村領導帶領我們轉過數條窄巷後，發現主人家已站在石階上等候我們到來。

來到一扇在狹路間不太顯眼的大門，主人家輕輕把門敞開，並示意眾人進內。踏過門檻，發現原來要再往下行十數層梯級才能到達屋宅的內部。室內的空間看來是長方形的，而剛才的樓梯應該正是位處房屋的中央部分。

我們轉到右方的客廳坐下，家具佈置簡樸尋常，雖將近傍晚，陽光仍能透過天井微微滲入屋內，但由於室內光線不足，顯得異常昏暗，氣氛格外冷清。

此時有兩名小女孩正在小桌上做家課，角落盡頭有一老伯伯坐在矮凳上乘涼，另有一老婦人木訥地坐在藤椅上一動不動。主人家是一位年約四十的中年婦人，身材略胖而壯實，雙眼炯炯有神伴有耀眼浮光，她吩咐女兒移往別處後便招呼我們坐下。

村領導為雙方引見過後，女主人便老實不客氣地要求師父為其母親看病。她沒有主動明言其母病況，看來是特意考核師父，這情況倒也並不少見，對自己不認識的人事有所懷疑實乃人之常情，所以筆者也不以為意。

於是，師父便開始聚精會神地利用氣場去感應病患者的身體狀況，這是他為人看病的慣常做法。病人就是坐在藤椅上的老婦人，年齡介乎六十至七十歲之間。在我們眾人交談的過程中，她一直若有所思似的未發一言，神情異常呆滯，肩頸僵直，長時間定睛望向遠方，但眼神又彷彿無焦點般散渙。

片刻之後，師父說其母氣血過度虛弱及肝火偏旺，未發現有甚麼大問題，為了詳細檢查，便抖擻精神提起婦人的手把起脈來。

筆者悶坐一角十分無聊，就趁空閒起了一個「時空八字」盤來湊一下熱鬧。

時空八字是觸機的一種，其實就是利用八字來占卜，依據當下時刻的八字盤來推算需要預測的人或事，通常在不知道問事之人的實際八字時才會用上。

時空八字的其餘用途與其他占卜方法相近，如尋找失物、姻緣利害、事件成敗進退之類，但八字盤局始終牽涉用神與忌神的運用，而且判斷死物的技法有別於人命，為免出亂子，一般命理師多以其他占卜方法取代。

時空八字盤如下：

坤造：

七殺	偏印	日元	食神
癸	乙	丁	己
巳	卯	丑	酉
丙 劫財 戊 傷官 庚 正財	乙 偏印	己 食神 癸 七殺 辛 偏財	辛 偏財

大運：

58歲

辛 偏財
酉 偏財

坤造：

癸巳
乙卯
日元 丁丑
己酉

大運：

58歲 辛酉

丁火日主生於木旺之月，雖因巳火被合，但天干無金，不足成化，未見身太弱，日主之力只是略為不足而已。

但看病就不能只論日元強弱，卯月尚寒，原局癸水透出，時上己土因乙木隔剋遙不能制，癸水在局中自然遊刃有餘，既可直剋巳火，又能濕乙傷丁。

癸巳有問題，巳酉丑合亂了金氣，原局隱伏的是水、火、金的病。唯一的火氣被合去，全局偏向寒濕，身體容易因濕滯而造成氣血經絡不通，先天易感疲累。

但原局終歸是原局，疾病最難推算的原因是，大運與流年可以令原局的性質徹底改變，加上五行的強弱不斷轉移而又互相緊扣，所以一種器官發病並不等於只有該種器官患病，有些器官的耐忍度特強，即使已喪失了大部分功能，患者也未必自覺，這點亦加深了命理師確認命主疾病的難度。

筆者當時據命主的外表狀況估計，大運的位置極有可能在辛酉，因為這明顯是破財又多病多災的大運。

辛酉一來與原局再合出金局並將之引化，二來直接與月柱用神乙卯天剋地沖，兩點合起來絕對足以摧毀原局。月柱的範圍為胸腹軀幹，干支同時受損意即表裏皆傷，金木互戰離不開肝、膽、肺、大腸的問題。筆者經盤算後心裏有個大概，初步判斷命主應該因意外弄傷當中器官，或因當中器官的毛病而要動手術。

師父把脈完畢，筆者隨即用廣東話告訴他自己暗地裏為老婦人的病情起了一卦，並告訴他有關看法。師父聽後十分認同，但認為老婦人當時的身體狀況尚可，因為他把脈後的結論和之前以氣場感應所斷並無二致。

此時女主人突然用她不太靈光的廣東話插上一嘴，說她媽媽之前曾患癌症。筆者聽後當場為之一凜，不單是患癌的消息讓我震驚，更意想不到的是，在雲南的一條僻陋村落中竟然有人能說、聽廣東話。

她的眼神銳利露光而充滿攻擊性，掃視之處難得安寧，雙目被其直照猶如被刺一擊，讓人感覺極不舒服，筆者也好不容易才能勉強招架。

眼神有力的人必有點自恃的本事，但眼神過於露光則自大狂妄。太過自以為是的人都容易在有意無意間樹敵，運順之時尚能排除萬難，一旦運逆，仕途上肯定荊棘滿途。所謂花無百日紅，無論如何，此類人沒可能有極大的成功。

坤造：

	癸巳
	乙卯
日元	丁丑
	己酉

大運：

58歲	辛酉

及後得知，原來她過往曾在深圳工作了一段時間，難怪會懂得廣東話，以及有一副不應在農村出現的眼神。

筆者定神過後，重閱時空盤，但始終無法看明白為何會與癌症扯上關係，心想如要有更仔細的推算，必須參閱患者的實際命盤方為上法。

師父在重新觀閱患者後亦無進一步的見解。女主人見我們再無新的看法，才願意將母親早年患直腸癌的事和盤托出，並講述在患癌後已將直腸切除。

筆者和師父聽後彼此相視無言，因為筆者倆都認為，病患者現在正面對着甚麼奇難雜症冀求醫治之道。師父認為煞是有趣，於是便詢問有關老婦人的生辰，好讓筆者重新排算一個正式的八字盤來看個究竟。

女主人就此事問道老婦人，老婦人如獲准章，終於開口說話。說話對她來說真是苦差事，她卯足全力才吐出片言隻語，拼命發勁亦氣若柔絲，語音多番似斷未斷，好不容易才將意思表達出來。

筆者按老婦人的生辰重新排算命盤，由於這次並非受託服務，女主人亦無進一步要求，所以只隨其病患事件局部批斷。老婦人的命盤如下：

坤造：

時	日	月	年
傷官	日元	傷官	比肩
甲	**癸**	**甲**	**癸**
寅	**丑**	**子**	**巳**
甲 傷官	己 七殺	癸 比肩	丙 正財
丙 正財	癸 比肩		戊 正官
戊 正官	辛 偏印		庚 正印

大運（現運庚午）：

1976	1966	1956
24歲	14歲	4歲
丁 偏財	丙 正財	乙 食神
卯 食神	寅 傷官	丑 七殺
	正財	比肩
	正官	偏印

2006	1996	1986
54歲	44歲	34歲
庚 正印	己 七殺	戊 正官
午 偏財	巳 正財	辰 正官
七殺	正官	食神
	正印	比肩

巧合得很，實際命盤跟時空盤剛好相差一甲子，但老婦人看上去的樣子明顯較實際年齡蒼老得多。

閱盤後，筆者對女主人說出她母親應在二〇〇九年動手術。她聽後頓時顯得十分錯愕，馬上收斂眼中光彩，低頭回想當年發生的事，並說：「不是在冬天，是夏天。」

筆者當時其實並沒明說在哪個月份發生，見她一臉認真，便微笑回應：「在夏天絕對合乎命理。」

坤造：

甲寅	癸丑（日元）	甲子	癸巳

大運：

1976 丁卯	1966 丙寅	1956 乙丑
2006 庚午	1996 己巳	1986 戊辰

女主人臉上疑慮未退，但信心稍增，開始願意耐心聆聽師父教導她母親如何服方來改善身體。

接着，師父仔細判斷命主的身體狀況，認為命主氣血過虛不宜接受針灸，並點破她精神與身體衰弱的原因是，因為她心中極度害怕死亡，否定了主人家懷疑她被邪靈附體的推測。師父其後用氣功在她的百會穴灌氣，待老婦人面色漸見紅潤，在叮囑她調理身體的同時，竟然在眾人面前給筆者下了一道難題。

師父要求筆者批算接着的兩、三年是否老婦人的大限之期。

筆者相信，壽元與個人因果業力有關，要確切分辨出壽盡還是人生大劫並非易事。壽短不一定凶，長壽亦未見得是全吉，所以筆者過往是不會回答此類問題的。

筆者再細看命盤後，認為命主雖處背運，但離死限尚有好一段日子，便直接告訴老婦人有關看法以助解她心頭之結。

筆者倒是明白師父的用意，他是因為有信心將其醫治好，才來一個「黑色幽默」。

回看命盤，癸水生於子月得令，但傷官旺盛無制，洩氣太過，用作調候的巳火又被強制瑟縮一角，原局不利健康的信息明顯；濕木的效應，與時空盤異曲同工。

庚午運，庚金劈甲，既是印星生身、制傷，又可引出午中丁火，原為命局有用之神，可惜庚金直接坐午火而致力弱，生水無力之餘，制甲之效亦因此而大失。地支午火雖可暖局，但與命局的根基子水互相沖擊，雙方實力旗鼓相當，一旦流年再來弱化子水，命局誓將傾陷。

二〇〇九年流年己丑，天干己土剋癸水再逢甲己化土，地支丑土合月令子水又得己土引化，大運午火與時支寅木互相羈絆，外面受敵之餘，亦適逢局中籠裏雞作反，遍局重土剋水，不死已屬難得。

此年命主要進行切除直腸的手術，而手術後仍要接受一段長時期的化療，數年

坤造：

年	月	日元	時
癸巳	甲子	癸丑	甲寅

大運：

1956	1966	1976	1986	1996	2006
乙丑	丙寅	丁卯	戊辰	己巳	庚午

來身體都算不上是真正的康復。

腫瘤於五行屬土，癌症是腫瘤病變的一種，合亂了土神可推測為癌症。

庚金於腑臟屬大腸部分，原局只見金庫，金神本已無力，大運再遭逢直剋，可視為大腸不適。

雖然原局充滿不利健康的信息，但筆者判斷此年並非是癌症重病的一年，筆者認為是意外重傷多於莫名其妙的直腸癌。

單從八字去推斷疾病的來龍去脈是極困難的，況且癌症並非突發性的急性病，一年的五行逆亂不足以下定案，但只要回看前兩年仍在庚午運內的丙戌及丁亥流年，大概便能明瞭了。

依八字看，丙戌年為病情最高峰之時，但顯見丁亥年出現了重大好轉的徵兆。

事後筆者將此看法與師父分享，原來他早已斷定命主身體沒有嚴重疾病，當他聽到女主人說是因為大陸的私家醫生建議做切除手術，以及主張長期化療料理的時候，便明白一切的緣由。

至此，筆者亦明白「意外」的原因了。

離開時已日落西山，由於回程的山路完全沒有照明系統，筆者正不知如何是好的時候，師父拿出了他的手機並開啓筆者一直認為是多餘的電筒功能，燈光雖弱，但足夠讓筆者看清前路。

有些東西，你永遠不要嫌多，感謝手機開發商。

各行各業都有其精英與敗類，該行業所要求個人技藝的成分愈高，則行內精英愈是顯得矜貴罕有。

醫、卜、命、相、山合稱五術，分別掌握了人類最關切的生死窮通，而使用者都需要極高超的個人技藝。

替人算命作卜沒有門檻之設，自然容易吸引無數混水摸魚之輩。由於受到一些以斂財騙色為目的的江湖術士破壞作亂，命理師自古至今都受到不同程度的歧視，社會地位顯然不高。民眾無事相求時，即貶謫其為難登大雅之堂的旁門左道、愚弄百姓的奇技淫巧，但若能為其趨吉避凶，透視窮通，就馬上反過來恭恭敬敬，奉若神明。精通卜、命、相、山的藝師之讓人又愛又恨，實難有其他行業能出其右。

西方醫學的高透明度及顯著的治癒療效迅速崛起，嚴重影響了江湖郎中的生存空間。現代五術中，只有「醫」者擁有相對完善的培育系統及專業的評核制度，因為這是看似最直接關乎生老病死的。可惜，最需要具備德行的醫者，卻往往最讓人痛心疾首，醫療事故的發生並沒有隨着科技的進步而減少，疫苗的接種及新型病毒的流行被認為是藥廠謀財的陰謀，女性病人在受診其間被騷擾侵犯的例子更不勝枚舉。醫術界有關財、色的醜聞，遠遠比其餘四術為多。

最無奈的是，我們可以不「卜」、不「命」、不「相」、不「山」，但我們無法逃避「醫」。

歸結之地與身弱行印運健康反而更差

——展示與分享時柱的作用與斷病技法。

時柱佔了八字的四分之一，但時柱對人生的影響卻不能單純地想像成只有四分之一。

時柱在運限上屬於晚年，如果要將每一柱的時限硬性定在十五至二十年，時柱就代表四十五至六十歲後的運限。

如果你在進行推命時沒有用上刻柱、胎元、命宮之類的第五、六、七、八、九柱……時柱已是八字中最後的一柱，是為人生最後的一個時段，所以被稱為「歸結之地」。

在六親宮位上，時柱為子女宮，反映子女、後輩、下屬以至寵物的狀況。

用神在時柱，主晚年順遂，所表屬的人或/和事的生活條件或狀況安好。當然，更具體的情況必須與六親星及大運同參。

年柱代表早年及過去，同時亦包括有外揚、彰顯的涵意。相對地，時柱則表徵了晚年及將來，有收藏、束納的意味。

用神在年柱，威力雖然是最迅速而猛烈，但同樣亦是最易受大運流年的影響。而用神在時柱，則較安穩綿長，人生少有大挫折，亦較少機會遭遇大傷大病，福分較厚。

由於時柱佔據了命盤四分一的空間，而且直接與夫妻宮相連，一個時辰的變動可以為命局帶來徹底性的改變，所以專業的命理師都會追求時辰的準確性，但問題是，我們每一個人都無法確定自己的出生時間。

問：「你是如何肯定自己的出生時辰？」

答：「因為是誰、誰、誰告訴我的，怎麼會有錯？」

稍有經驗的命理師都必然曾經從客戶口中聽過「時辰沒可能有錯」、「這個時辰肯定是正確的」之類的説話。

除非是雙眼天生殘疾，我們應該都是看着自己離開母體的，但有誰可以記得自己怎樣從媽媽的肚子裏掙出來？

閣下出生時或許天空有大鵬展翅，或許江邊出現七色彩虹，又或許山峽間晨光乍現，但很可惜，正常人是不可能憑自己的記憶知道自己是在甚麼時候、甚麼環境出生的。是良辰美景還是霹靂風雲？我們都需要通過外界才能獲得這些資料，我們根本無法確定或否認這些資料的真實性。

父母、親人或醫院職員告訴我們出生在甚麼時間，我們亦只好如是相信，但這並不代表是真確無誤。所以每逢聽到「肯定、一定、沒錯」在這個時辰、這種環境出生之類的說話，筆者就會感到極度不安。

據筆者經驗，如果命主在香港出生，所提供的命盤時辰一般都較為準確，即使一九四一年至一九七九年間曾實施夏令時間（一九七七年至一九七八年未有實行），九成以上都仍能據來者所報的時辰去批算而取得準確徵驗。

但假如遇上國內出生的命盤便要格外留神，一般來說，在三十歲或以下者還不成問題。（但要注意在一九八六年至一九九一年間，國內亦曾實施夏令時間，所以亦不能掉以輕心。）若命主是三十歲以上，特別是在三十至七十歲之間者，由於中國幅員遼闊，而當時資訊尚未十分發達，所以特別容易出現出生時間上的誤差。

筆者在互聯網上搜集過有關國內實施夏令時間的實際情況，結果是，中央有統一的標準，但各省有各自執行的準則。

由於不是所有省份都有執行夏令時間，執行的年份又沒有緊跟中央標準，所以不同網站公佈的執行年份也有分歧。加上無法確認出生的醫院是否有落實跟從夏令時間，所以在推算時便要多用點功夫及耐性去確認命盤。

另外值得一提的是，一些保守迷信的家庭認為，揭露個人的生辰會有損福壽，所以你亦不能完全撇除命主的父母會基於某種原因而隱瞞或誤導子女的實際出生時間。

但其實最普遍的情況是，父母本身也遺忘了。

時辰之容易偏差，又以子時為最。

子時為兩日的中線，橫跨兩日，應否將其看待成兩日去建立命盤是命理界中的其中一個爭論點。筆者個人是會將子時分成早子和夜子的，筆者沒有長篇大論的證據去印證一日的起始為凌晨零時，只是一直以此分限亦未見問題。讀者如有疑問，坊間提供了大量有關資料助你分辨。

既然認為有早子、夜子之分，子時便存有兩個命盤。

本命例剛好屬於子時出生，命主為國內較富有的農村人士，由於行動不便，筆者跟師父需要專程到她家探訪，師父為她施針及用氣功替她治病，而筆者則給她批命。

時為上午九時許，春日陽光明媚，走過蜿蜒小徑，我們來到命主的家。

屋中前堂開闊四正，上有天井讓光線直透進室內，三面牆上有大型瓷磚砌成的壁畫，寬敞大廳放置着不少木器家具，頗感寫意。

奇怪的是，甫踏進屋內便感覺冰冷異常，全身發抖，即使主人家遞來熱茶，筆者亦坐立難安。（讀者在買樓前，如不考慮聘用風水師，可以嘗試用自己的直覺去感應屋中氣場，但進屋前必先要平靜身心，讓自己全身處於高度敏感的狀態。）

命主為中老年女士，看來已有六十多歲，精神尚算不錯。身型雖只是略胖，但全身全臉卻臃腫非常，可能是腰腿疼痛的關係，走路一拐一拐的。

在旁侍奉的兒子都應該三十有餘，說話不多，眉宇之間見難色，一臉鬱悶寡歡，安頓了我們之後便獨自坐在一角看電視。

各人禮貌過後，師父正式開始替命主治療腰腿的問題，筆者則為她起盤推命。

命主只謂自己是在當日晚上的子時出生，其餘一概不詳。雖然命主無法確認更仔細的時間，但既然說是「當日的晚上」，那筆者也可省回另起當日早子的命盤，直接從翌日早子與當日夜子兩盤中印證。

坤造（翌日早子）：

正財	偏財	日元	傷官
戊	己	乙	丙
子	未	巳	子
癸 偏印	己 偏財 丁 食神 乙 比肩	丙 傷官 戊 正財 庚 正官	癸 偏印

坤造（當日夜子）：

	偏財	正財	日元	食神
天干	戊	己	甲	丙
地支	子	未	辰	子
藏干	癸 正印	己 正財 丁 傷官 乙 劫財	戊 偏財 乙 劫財 癸 正印	癸 正印

大運（現運壬子）：

1952	1962	1972	1982	1992	2002	2012
5歲	15歲	25歲	35歲	45歲	55歲	65歲
戊 偏財	丁 傷官	丙 食神	乙 劫財	甲 比肩	癸 正印	壬 偏印
午 傷官 正財	巳 食神 偏財 七殺	辰 偏財 劫財 正印	卯 劫財	寅 比肩 食神 偏財	丑 正財 正印 正官	子 正印

兩造都是木日元及財星秉令，全局均無其他木神主氣輔助，年支子水受困無力生身，時支子水又力有未逮，所以同屬身弱。兩造關鍵性的分別是，日元一自坐巳火，一自坐辰土。

由於命主就在眼前，外貌與舉動一目了然，閱盤後心中已有個大概，但為確定命盤，筆者便問命主曾否在一九八二年至二〇〇二年間經營生意。她聽後失笑，說自己當時沒有能力幹買賣。於是筆者接着問命主曾否在那段期間發過大財，她略加

坤造：

戊子	己未	甲辰（日元）	丙子

大運：

1952	1962	1972	1982	1992	2002	2012
戊午	丁巳	丙辰	乙卯	甲寅	癸丑	壬子

思索後，回應雖沒福分發大財，但生活卻自那時候起開始舒泰。

這就對極了，甲辰日再明顯不過。

要辨別兩個命盤之間的具體分野，第一是要對甲木和乙木的性情有充分了解，另外就是要掌握巳火與辰土分別於原局發揮的作用。

先找出乙巳日命盤的特點：

◎乙木有微根於木庫未土。有韌性的乙木會不懼困難，不顧臉子去達到目的。

◎時干丙火雖坐子水，但能取巳火為根，傷官仍然相當有力。

◎原局財星秉令及旺相。

財星秉令及旺相，自是求財若渴，加上傷官傲性不群，當乙木逢歲運之助有力任起傷官時，定會設法擺脫困境，屆時傷官生財，乃是幹起生意買賣的格局。

至於甲辰日命盤的特點是：

◎日主甲木與月干己土合化多一重土。

◎時支子水合住日支辰土不化。

相對於乙巳日，日主顯得更弱。弱的原因是甲木被己土合住，化去了大部分木神的力量，只有一點微根在辰、未。

兩局皆病在土旺無木疏，都無奈地只好退而求其次以子水生身為用，但年支子水受困不能用，而甲辰日的時支子水又被辰土羈絆，威力大減。在土更旺，水、木更弱的情況下，格局當然不如乙巳日。

在個人成就和表現的方面，甲木喜金相制，即使身弱亦如是觀。由於甲木無金剋，甲日命主縱遇佳運也不會輕舉妄動，是安於現狀的格局。

此局雖身弱但又未至於弱極，畢竟子水既可生身又可調候，當然更不可論從論化。

如單以個人財運論，兩局都喜行木旺之運，但甲辰日明顯有所不及。

坤造：

		日元	
戊子	己未	甲辰	丙子

大運：

1952	1962	1972	1982	1992	2002	2012
戊午	丁巳	丙辰	乙卯	甲寅	癸丑	壬子

據命主所説，腿痛浮腫的毛病是在二〇一二年（見命主時是二〇一三年三月）開始惡化，所以更可確定甲辰日無誤。

月令未土雖為夏月，但丙火無力，局中甲木及土神受子水所濕，平日脾胃肯定不佳。現行壬子大運，加強水勢，亦剋去丙火，同時引動局中子辰化水，形成一片水土混局。

土為肌肉、脾胃，脾胃不能袪濕，肌膚便會浮腫；水氣下沉，主下半身。木主經絡神經，辰中一點根被去，經絡因濕滯不通而受損。

將各支點總結，命主應該是因為濕邪入身，傷及下半身神經。由於才剛入運，所以需要長期注意飲食及疏通經絡。

或許很多人會問，身弱行印運，身體不是應該很好的嗎？生活不是應該很好的嗎？

這個例子正好解釋了身弱行印運，身體也可以由於某種原因而出現問題。五行

的過盛或過衰都很可能是身體毛病的徵兆，但筆者需要強調，命主的精神一點都不差，只是流年壬辰過分地加強了水神才使病情惡化。

今於癸巳年頭春月木旺之時遇到師父為她治病，流年已為她啓動轉機。

一個以農民自稱的人，居於數十萬元裝修的幾層獨立屋，閒來無事，生活過得不好嗎？

時柱代表人生的晚年，而時上丙火食神亦剛好代表親生兒子。

虛弱的丙火再遇壬子大運相剋，兒子又豈會活得順境？如非局中旺土有力，會否傷及身體要害亦未可確論。見她兒子灰頭土臉，全無神氣，哪像是如意之相？此運食神受重剋，母親晚年亦要長替兒子憂心。

母親患病，兒子失意，難怪感覺屋中要比室外寒冷得多，此為住宅氣場有損亦能同見於八字命盤也。

離開時已日照額頂，正雲淡風輿。回想命主母子同命，心忖幸好這個子時盤不是在節令交界之時節。

後記

民間俗諺毫不委婉：學藝三年，天下無敵。再學三年，寸步難行。

玄學跟其他專門學術一樣，當在應用上時有奇驗，認為自己已掌握了學理的絕大部分時，反而是當局者迷的警號。胡亂迷戀自己的能力只會造成更大的挫敗，到最後才發現「原來我不帥」的心理打擊更是無以復加，而此期間給別人危言聳聽的缺失亦難以補償。

在玄學上花過心思的人，哪個不曾被眩目的技法所迷惑？但當你一次又一次遇到拆解不了的命局時，或會懷疑命理的原始設定有嚴重的漏洞，甚至認為命理的準確只是偶然的巧合。這是最多人放棄繼續學習的時期，有些會憑着這番知識闖蕩江湖，有些就索性不再接觸，有些更甚至反過來貶斥玄學術數。

批判別人容易，接受別人批判也不難，最難的是認真地處理自我批判。在學問路上走得多遠，進退多少，很視乎是否能在自我批判中成長。

有人說，人類可以劃分為三大類型，當中九成是正常普通人，這個「正常普通」，是指智商正常、能力普通。

另有百分之五是天才，「天才」的意思，包括某些能力或個人天賦條件遠超於正常普通人，例如極高的智商、極強的忍耐力、極美好的身材樣貌等等。

餘下的百分之五是智能相對較低的，或因天生缺憾而阻礙了身體生理或物理能力發揮的人。

世界的日常運作主要是靠佔了九成人口的正常普通人，控制指揮的是百分之五的天才，剩下的百分之五則必須承認是被特別照顧的，也就是有礙一般日常運作的人。

但奇妙的是，表面上能力最弱的百分之五人口所帶出的作用卻恰恰相反，他們為社會帶來的各樣思想沖擊是無比震撼的，這種思想上的沖擊可以是惻隱之心，也可以是激憤，從而令其他人發起革命性的行動。這五個巴仙尤如八字上的刑、沖一樣，往往令其餘的九成半深化及精進。

如你了解命理，你根本不會為人之初的性善惡而疑惑，你亦不會為朋友的性情突變而感到困擾。如你了解命理，你會發現人性可愛的地方其實不比可恨的少。

瑪雅曆法告訴我們，舊時代已在二〇一二年的十二月結束了，至於我們現在正處於甚麼樣的世代，這個古文明沒有再說下去。

學八字之初，我的世界觀是理性而科學的，我相信一切的玄學都是由我們無所不能的祖先發明，所謂的「神」，純屬是人類自己虛構來控制大眾的，人死，尤如燈滅。

十年後的今天，我開始相信有輪迴轉生，相信宇宙中有類似天堂的地方。我由無神觀轉到一神觀，再到多神觀，繼而現在不知是否用「神」去形容這類超自然事物。

人類的歷史發展總是以尋求未知去確認自己的無知，上帝粒子要待到二〇一三年才被科學界確認，我們甚至不能想像宇宙還有多少物質未被發現。能夠肯定的是，世上無疑有多股不知名的力量影響着我們，有人不知不覺，有人後知後覺，只是大家都習慣將這些不可思議統稱為鬼、神或外星人。

筆者不知道將來會否改變這種想法，亦不肯定這種想法是進步了還是退步了，但我相信，意外收穫往往來自於在繞圈子時的不斷審察與調整。

還記得早期的術數工作尚在業餘期間，遇上了兩個相當不幸的命例，兩位都是年輕女性，大概只有二十多歲。我批斷當中一位在年少時曾遭受性侵犯，並準確推算出侵犯者正是她的繼父。

另一位命主是家中長姊，我批斷其妹妹欺負身為長姊的她多年，並奪她所愛所好，令她一直既惶且怨，而且說準了她妹妹出生當天正好是她父親逝世的時刻。

筆者不知道當時為何會作出如此具體的批斷，這明顯已超出二分法可以理解的範圍，以現在的情況來看，無疑是當時對命局的綜合了解與觸機的運用。

玄學術數的派別之多令人眼花繚亂，雖云各師各法、各顯神通，但萬法能否歸宗始終是個疑問，歷史上的種種讓我們知道勝者為王，但表面上的「勝」並不一定等於實際上的「對」，通用的法則不一定等於正確的法則，法則只要是人定的，就有錯的可能，誰師誰派也不能例外。

抱持開放的態度去大膽假設，小心求證，從來都是鑽研學問的不二法門，若你以往一直都在航道上觸礁，你便應該先檢查船體與機件（學習方法與方向）是否已出現故障，再反省自己是否只在意遠處的訊號燈（理性），或只聽信身邊的嚮導引航（感性），當你有一天能夠協調三者的關係時，你便能微笑地風馳於狹縫之內。

將命理技法中理性分析與感性靈悟平衡地拿捏，是命理學的理想境界。但筆者相信，玄學術數當初誕生的原意並非要讓人人皆懂，命理要普及的不是技法，而是立身處世的意義。

最後，在此感謝師父的啓發，讓我從另一方面去認識生命的奧秘。並感謝圓方出版社的欣賞及協助，讓本書能夠在最完善的狀態出版，於此謹向圓方出版社的全體全人致謝。

道機

大道無境

作者

道機

策劃\編輯

梁美媚

美術統籌及設計

Amelia Loh

美術設計

Ken Kan

出版者

圓方出版社

香港北角英皇道 499 號北角工業大廈 18 樓

營銷部電話：（852）2138 7961

電話：2138 7998

傳真：2597 4003

電郵：marketing@formspub.com

網址：http:\\www.formspub.com

http:\\www.facebook.com\formspub

發行者

香港聯合書刊物流有限公司

香港新界大埔汀麗路 36 號

中華商務印刷大廈 3 字樓

電話：2150 2100

傳真：2407 3062

電郵：info@suplogistics.com.hk

承印者

亨泰印刷公司

香港柴灣利眾街 27 號德景工業大廈 10 樓

出版日期

二O一四年十一月第一次印刷

版權所有．不准翻印

All rights reserved.

Copyright ©2014 Forms Publications (HK) Co.Ltd.

ISBN 978-988-8295-69-2

Published in Hong Kong

瀏覽網站

會員申請

歡迎加入圓方出版社「正玄會」

登記成為「正玄會」會員
• 可收到最新的玄學新書資訊 •
• 書展"驚喜電郵"優惠 * •
• 可優先參與圓方出版社舉辦之玄學研討會及教學課程 •
• 每月均抽出十位幸運會員，可獲精選書籍或禮品 •
* 幸運會員將會收到驚喜電郵，於書展期間享有額外購書優惠

• 您喜歡哪類玄學題材？（可選多於 1 項）
□風水 □命理 □相學 □醫卜 □星座 □佛學 □其他 ____________

• 您對哪類玄學題材感興趣，而坊間未有出版品提供，請說明：
____

• 此書吸引你的原因是？（可選多於 1 項）
□興趣 □內容豐富 □封面吸引 □工作或生活需要
□作者因素 □價錢相宜 □其他____________

• 您從何途徑擁有此書？
□書展 □報攤 \ 便利店 □書店（請列明：____________）
□朋友贈予 □購物贈品 □其他 ____________

• 您覺得此書的價格：
□偏高 □適中 □因為喜歡，價錢不拘

• 除玄學書外，您喜歡閱讀哪類書籍？（可選多於 1 項）
□食譜 □旅遊 □心靈勵志 □健康美容 □語言學習 □小說
□兒童圖書 □家庭教育 □商業創富 □文學 □宗教
□其他____________

姓名：____________ □男 \ □女 □單身 \ □已婚
聯絡電話：____________ 電郵：____________
地址：____________
年齡：□ 20 歲或以下 □ 21-30 歲 □ 31-45 歲 □ 46 歲或以上
職業：□文職 □主婦 □退休 □學生 □其他____________
填妥資料後可：
寄回：香港英皇道 499 號北角工業大廈 18 樓「圓方出版社」
或傳真至：（852）2597 4003 或電郵至：marketing@formspub.com

*請剔選以下適用的項目
□我已閱讀並同意圓方出版社訂立的《私隱政策》聲明# □我希望定期收到新書及活動資訊

有關使用個人資料安排
您好！為配合《2012 年個人資料（私隱）（修訂）條例》（《修訂條例》）的實施，包括《2012 年個人資料（私隱）（修訂）條例》中的第 2（b）項，圓方出版社（香港）有限公司（下稱"本社"）希望閣下能充分了解本社使用個人資料的安排。
為與各曾跟圓方出版社（香港）有限公司接觸的人士及已招收的會員保持聯繫，並讓閣下了解本社的最新消息，包括新書推介、會員活動邀請、推廣及折扣優惠訊息、問卷調查、其他文化資訊及收集意見等，本社會不時向各位發放相關信息。本社會使用您的個人資料（包括姓名、電話、傳真、電郵及郵寄地址），來與您繼續保持聯繫。
除作上述用途外，本社將不會將閣下的個人資料以任何形式出售、租借及轉讓予任何人士或組織。

請填妥後對摺，黏貼後即可直接郵寄謝謝

請貼郵票

寄

香港英皇道 499 號
北角工業大廈 18 樓
「圓方出版社」收

圓方出版社

正玄會

• 尊享購物優惠 •

• 玄學研討會及教學課程 •